これならわかる

東北の歴史 Q&A

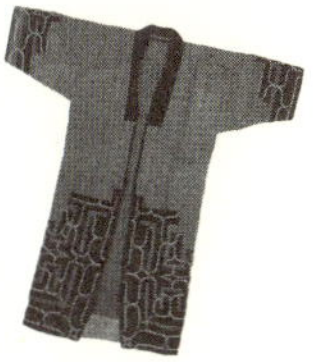

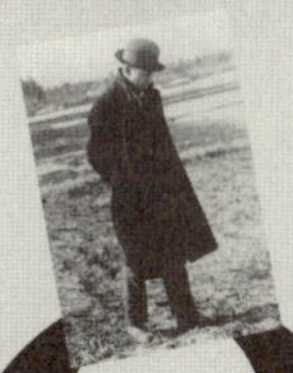

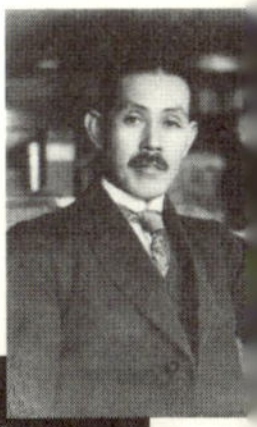

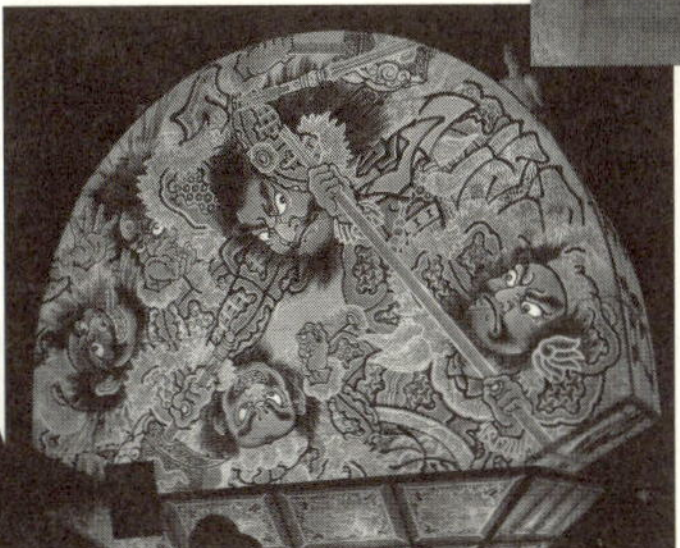

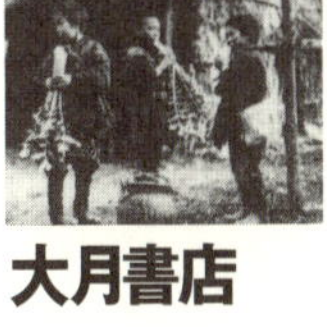

一戸富士雄・榎森 進 著

大月書店

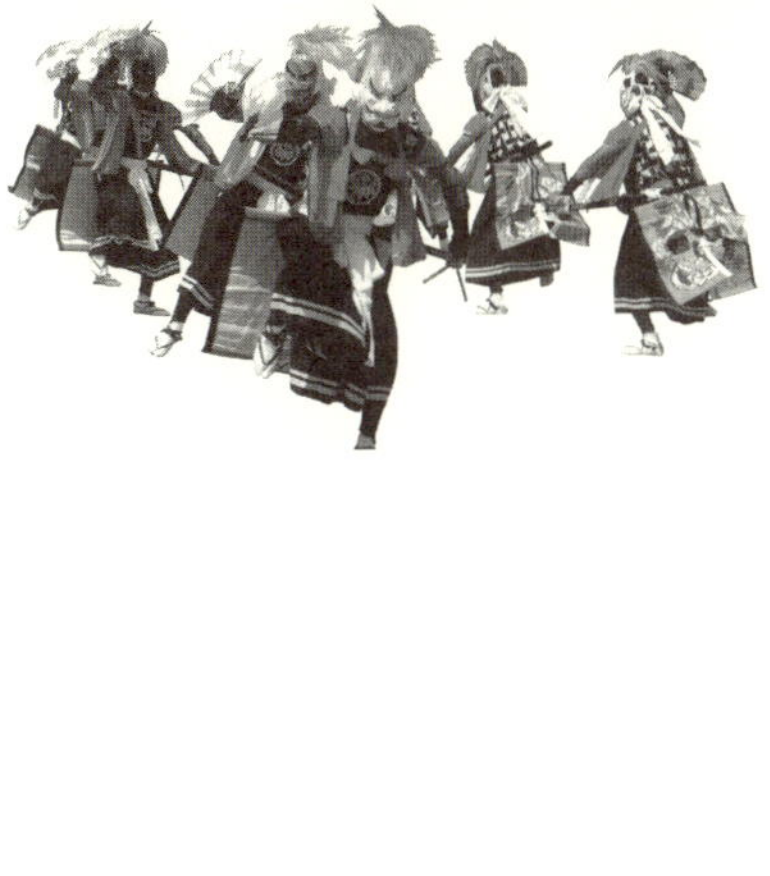

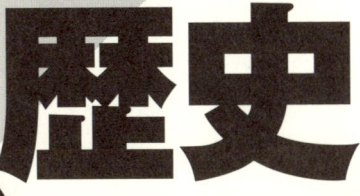

青森県
秋田県
岩手県
山形県
宮城県
福島県

読者のみなさんへ

みなさんは「東北地方は本当に〝東北〟に位置している」と思いますか。「何でそんな愚問《ぐもん》を出すの?」と怒る人もいるかもしれません。

方角の基点は、この場合は首都である東京であることは言うまでもありません。国土地理院の五万分の一地形図でみると、基点の「東京」と名を付けたメッシュ（網の目）の真北には、福島県の会津《あいづ》若松市と喜多方《きたかた》市、山形県の酒田《さかた》市と鶴岡市、そして秋田県の男鹿《おが》市、さらに青森県の深浦《ふかうら》町が並んでいます。また、「東京」の東隣りの「千葉」のメッシュの真北には、東北地方の岩手県を除く東北五県の各県の各県庁所在地が位置しています。除かれた岩手県の県庁所在地盛岡《もりおか》市ですら、実は緯度《いど》でいえば東京とは東へわずか一・六度しかずれていないのです。

そのように考えると、東京から見た東北地方は決して「東北」（四五度方向）には位置しないで、ほぼ「真北」にあると言うべきでしょう。「北北東」（二二・五度方向）でもないのですから、先の〝素朴な質問〟は決して〝愚問〟でないことがお分かりになると思います。

それではきわめて不正確な「東北地方」呼称はなぜ用いられたかと言います

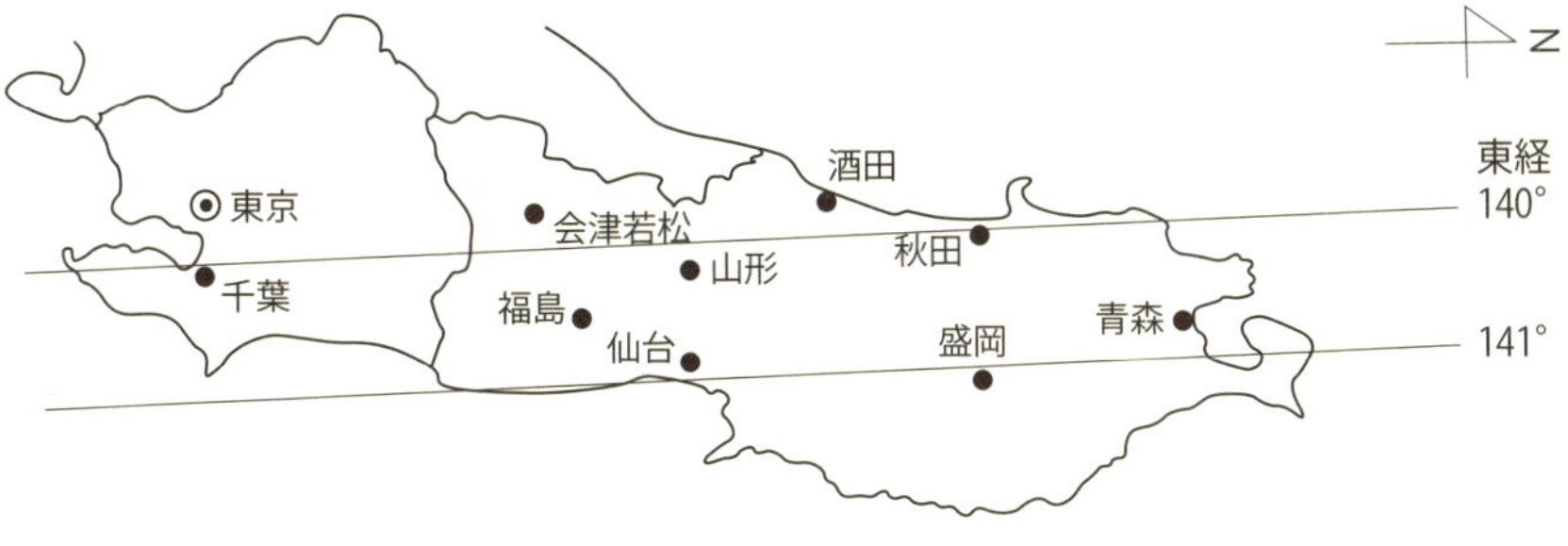

東北地方は東京のほぼ真北

と、九州の「西南地方」を意識しているからです。明治一〇（一八七七）年の「西南戦争」と対比して、慶応四（一八六八）年の戊辰《ぼしん》戦争をあえて「東北戦争」と言う人もいます。

東北地方のことを意識的に「みちのく」と言う人もいます。古くからこの語を優雅《ゆうが》な語として文学者や芸術愛好者がしばしば用いてきました。近年は旅行業者や行政の観光キャンペーンとしてよく登場していることもあって、国民的に流布《るふ》している語となっています。しかし、この語の政治的成り立ちを考えた場合、心ある東北の人たちは意識的に「みちのく」用語の使用を拒否しています。なぜならこの語の原義は「道の奥」に由来《ゆらい》していて、それは古代国家の幹線道（東山道と北陸道）の「奥地」を意味し、中央政権から見た場合この地は、最果ての地・文化の果てる野蛮《やばん》の地、そして近代的意味においては未開・後進・辺境《へんきょう》の地として、差別と植民・収奪《しゅうだつ》、時には武力による征服の対象の地であったからです。中央の支配者や旅人が「歌枕《うたまくら》＊のロマン」を求めてこの地に足を踏み入れた時、多くの東北の民衆は、自然の過酷《かこく》さと権力者の圧政に耐え、時には抵抗し蜂起《ほうき》したのです。そう考えて、心ある東北の人たちは自らの主体を求めて「みちのく」用語を意識的に拒絶してきたのです。

古代から明治維新に至る約一一〇〇年の長期にわたって（形式的にも）、特定の地域を征伐《せいばつ》するために「征夷《せいい》大将軍」なる官職の地位にある者が、絶対的

＊古い名歌に詠まれた名所。

な権力者として君臨してきた歴史は、まことに異例なことです。そこには、蝦《え》夷《ぞ》地《ち》としての東北の歴史のなかに伊治《これはりの》呰麻呂《あざまろ》の乱（七八〇年）やアテルイ、モレの反乱（七八九年）、そして元慶《がんぎょう》の乱（八七八年）という蝦夷《えみし》の総抵抗に対する恐怖が、政治的に深く刻《きざ》まれていた証《あかし》と言えます。

このように、この本は東北住民の視点から、通説的な東北の歴史叙述に対して初歩的な疑問・問い直しを行っている部分もあります。そこが第一の特徴点です。

第二の特徴点は、未開・辺境の東北史としてではなく、独自の文化と社会の成立をとげた個性的な歴史に注目している点です。なかでも北東北とアイヌ民族との影響関係や、アジア大陸との交易をとくに取り上げていることもその一例です。

第三の特徴点として、東北民衆の生産・生活の実相に迫るように心がけた点です。その際、支配者による差別と圧政にあえぐその姿を描くとともに、それに抗する民衆のたくましさ・すばらしさも意識的に取り上げたつもりです。暗く重苦しい東北民衆史になりがちななかで、そこから脱却《だっきゃく》しようとする民衆のさまざまなエネルギーの発揮にできるだけ注目して記述したつもりです。

東北の「三大夏祭り」はもちろんのこと、東北のさまざまな民俗行事・民族芸能に現地でぜひ触れてほしいと思います。例えば大地の邪鬼《じゃき》をけちらすような鬼剣舞《おにけんばい》のすさまじさは、百姓一揆《いっき》の激しさを思わせるものがあり、そのエネルギーには圧倒されます。東北はよく「民族芸能の宝庫」といわれるだけに、実に魅力的で多彩な民衆芸能があります。芸能だけでなく、この本の各分野の記述を手がかりに、東北各地を訪ね、東北史の多彩なエネルギーの発揚《はつよう》を発見していただければ、と願っています。

この本は啓蒙《けいもう》書としての性格上、できるだけ平易な解説・記述を心がけました。また本格的な通史ではありませんので、著者の問題意識に基づいての事項選択となっています。この本が、東北民衆のたくましさの再発見の一助となれば幸いです。

目次 CONTENTS

4 奥《おう》羽《う》の激動の時代

5 統一政権と奥《おう》羽《う》

6 北《ほく》奥《おう》のアイヌ民族

7 奥羽諸藩と北方世界

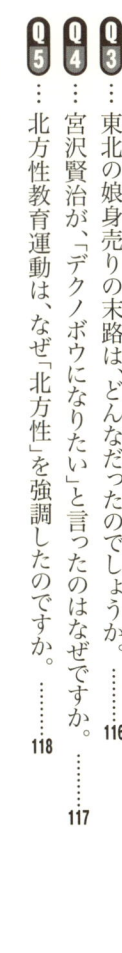

19 高度経済成長とその挫折《ざせつ》

20 東北の豊かな民衆文化

1

北方に花開いた縄文文化

三内丸山遺跡から出土した籠
（青森県文化財保護課提供）

縄文文化は、草創期・早期・前期・中期・後期・晩期の六期に区分されます。縄文人は、長い間、漁労・狩猟・採集を生業《なりわい》とし、食料を求めて移動生活をしていたとされてきましたが、三内《さんない》丸山遺跡の発掘によって縄文前期～中期後半にはすでに食用植物を植えていたことが分かりました。またBC四世紀初め頃、西日本に水田稲作を基礎とする弥生文化が成立すると、弥生時代前半期には早くも青森県北部まで水田稲作が行われていたことが判明しています。

Q1 東北地方は地理的歴史的条件によって、各地でどんな特徴がつくられたのですか。

A1 東北地方の面積は六万七〇〇〇平方キロメートルと、実に広大です。北海道を除く全国の都府県中、上位八位までが東北五県（宮城県は一五位）が占めるほどです。東北地方と一括して言いますが、その内実は地理的にも歴史的にも異なった地域的な特徴を持っています。

まず自然的条件から言いますと、東北地方はその中央を縦断している奥羽《おうう》山脈によって、太平洋と日本海の両沿岸地帯に大きく二分されています。この地形がとくに冬期間の東北に決定的な影響を与えています。例えば二月の平均積雪二〇センチメートル以上の日数でいえば、日本海気候の青森市の場合、例年二七・三日に対して、太平洋岸の仙台市では〇・五日と極端に違います。そのほか、日照時間・最高と最低の気温・降雪量もきわめて対照的です。「冬の東北」と言いますと、白銀一色の豪雪の世界をイメージしがちですが、太平洋沿岸の東北東部は基本的には関東地方の延長といった感じです。

そして東北地方の北と南の違いも大きいのです。最北の青森市と最南端の福島県いわき市では、例年の降雪初日は三六日も違います。また青森県津軽《つがる》地方のソメイヨシノ（桜）の満開日は、例年五月一日前後（いわき市より三週間遅れ）で、この頃になると桜とともに梅や桃も競って花を咲かせます。

自然的条件だけでなく歴史的条件によっても東北各地域の差異・特徴がつくられていきます。例えば三内《さんない》丸山遺跡（青森県）に代表される縄文文化は北東北でとくに発展し、さらに古代・中世には北海道アイヌや日本海の対岸（北東アジア）とも交流を深めていきます。奈良・平安時代の律令国家の侵略に抵抗したのも北東北の蝦夷《えみし》でしたし、またその末裔《まつえい》を自称した平泉《ひらいずみ》の藤原氏の基盤も北東北を中心としていました。一方、早くから律令国家に組み入れられた南東北は、中央政府の対蝦夷の出先《でさき》地域としての性格を強めていきました。

その後、時代とともにその差異の内実は変化しますが、その地理的・歴史的条件によって東北地方の北と南・東と西の各地域で伝統的特徴が形成されていきます。各県の県民性・気質として、青森の強情張《ごうじょうっぱ》り・情熱、岩手の牛にも似た重厚さ、秋田の実直さ、宮城の生ぬるさ・見栄っ張り、山形の寡黙《かもく》・粘り強さ、福島の強がりと潔癖性《けっぺきせい》とよく言われるのもその一例です。同時に共通的な特徴として、忍耐強さ・誠実さ・反骨精神・反権力的志向も一面強く見られます。

Q2 「三内《さんない》丸山遺跡」の発掘から何が分かったのですか。

A2 「三内丸山遺跡」は、青森市にある遺跡です。この遺跡が本格的に発掘されたのは、一九九二（平成四）年以降のことですが、発掘の結果分かったことは、同遺跡は、今から約五五〇〇〜約四〇〇〇年以前の縄文前期〜縄文中期後半のものであることです。発見された各遺構には、多数の竪穴《たてあな》住居跡が集中する住居地区、高床式の建造物が構築されていた掘立柱《ほったてばしら》建物群跡があります。土器の原料である粘土の採集場、住居の新築・増改築をはじめ祭祀《さいし》などに使われたと推定される土器・土偶《どぐう》*、石製品を廃棄《はいき》した盛土、栗の木製の

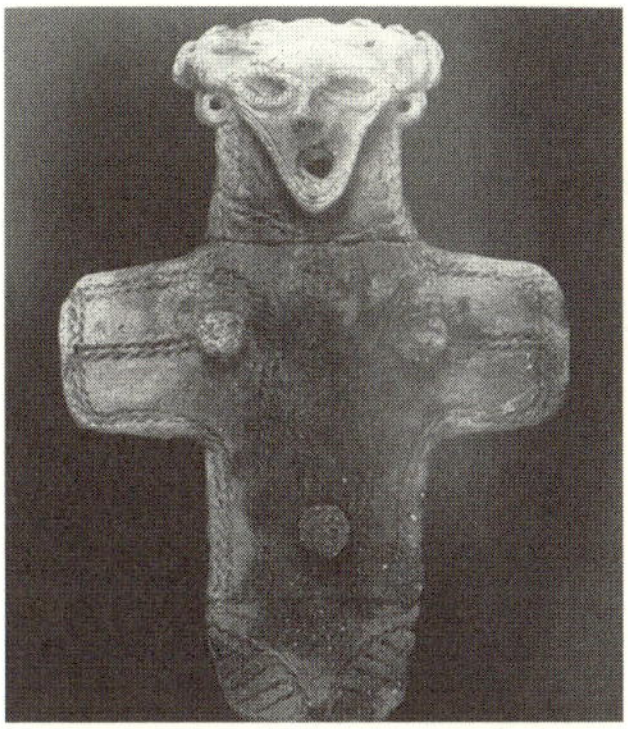

三内丸山遺跡から出土した大型板状土偶
（青森県文化財保護課提供）

＊縄文中期の特徴的な土器である円筒土器にともなう土偶は板のように薄くつくられているので、板状《ばんじょう》土偶と呼ばれ、形状は十字形で頭・体・手の各部と顔面・乳房・臍《へそ》を表現、足部は省略されていて、縄文晩期の亀ケ岡《かめがおか》文化を代表する有名な遮光器《しゃこうき》土偶とは大きく異なっている。

六本の柱の掘立柱建造物、食料の残滓《ざんし》を破棄《はき》した地区、死者を埋葬《まいそう》した土壙墓《どこうぼ》群など、各遺構が整然と造営《ぞうえい》されていることです。さらに同遺跡から多数のクリ・クルミ・トチ等の殻《から》やエゴマをはじめヒョウタン・ゴボウなどが出土した他、ヒエなどが多量に検出されたことによって、同遺跡の人々はイヌビエを食べていたことも分かったのです。

従来、縄文時代の人々は狩猟・漁労・採集を生業《なりわい》とし、獲物《えもの》を求めて移動する生活をしていたとされていましたが、このような内容を持つ「三内丸山遺跡」の状況から、縄文人はすくなくとも縄文前期の半ば頃には、集落の周りに樹木や食用植物を栽培し、指導者のもとに計画的な集落経営を行っていたことが分かりました。こうして、「三内丸山遺跡」の発掘は、縄文文化に対する従来の理解に根本的な修正を迫るものとなったのです。

Q3 奥羽地方では、いつ頃から稲作が行われたのですか。

A3 一九五五（昭和三〇）年から翌年にかけて、青森県田舎館《いなかだて》村の垂柳《たれやなぎ》地区を中心とする地域から多量の土器とともに炭化米が出土し、さらに一九八一（昭和五六）～八三（昭和五八）年の調査で六六六面の水田跡が発掘さ

三内丸山遺跡で出土した大型掘立柱跡から復元した大型掘立柱建物と大型竪穴住居
（青森県文化財保護課提供）

れ、これによって、青森県でも弥生時代中期後半には水田稲作農業が行われていたことが確実になりました。その後、岩木山北東部の山麓《さんろく》にある砂沢《すなさわ》遺跡（弘前市）を発掘した結果、弥生時代前期の水田跡が発見されたのです。

この遺跡は江戸時代に造られた灌漑《かんがい》用の溜池《ためいけ》内にあるために、全面発掘は困難で、現在のところ六面の水田跡しか見つかっておりませんが、復元面積を推《すい》算《さん》すると、七五〜二〇〇平方メートル強になり、この水田面積は、垂柳遺跡の平均水田面積約七・六平方メートルより大きいのです。こうして、現在では、弥生時代前半期に本州最北端地域の青森県北部地域でもすでに水田稲作が行われていたことが判明しています。

しかし、その後、北奥羽地域に稲作文化が全面的に発展するに至ったのかというと、そうではありません。というのも、弥生時代後半期の垂柳遺跡を含めて、出土する遺物の内容は、土器を除くと、縄文時代の色彩が依然として強く見られるので、弥生時代前期〜後期には、水田稲作が行われるようになったことは確かですが、この時期には縄文文化も併存《へいぞん》していたものと見られているだけでなく、弥生時代後期以降になると、青森県・岩手県・秋田県の北奥羽地域では、遺跡数が激減し、しかも一部を除くと集落遺跡は皆無《かいむ》になり、稲作農業の痕跡《こんせき》も見られなくなるからです。

では、なぜこのような現象を見るのでしょうか。それには次のような事情が

田舎館村垂柳遺跡水田跡（村越潔氏提供）

ありました。北海道の考古学の時代区分は、本州のそれと異なり、縄文文化の次に置かれる弥生文化はなく、縄文文化→続縄《ぞくじょうもん》文文化→擦文《さつもん》文化→アイヌ文化（近世的アイヌ文化）とされていますが、このうちの続縄文文化の後期に相当する三〜七世紀に東北北部地域に南下してきたことです。この時期に北海道に展開した続縄文文化が南下したのは、この時期に気候が若干寒冷化したことによるものとされています。

弘前市砂沢遺跡水田跡（村越潔氏提供）

2 古代蝦夷《えみし》の時代

青森県十和田湖に流れ込む宇樽部川。「宇樽部」はアイヌ語地名。「ウタルベ」の「ウタ」は「砂」の意の「オタ」、「ベ」は「川」の意の「ペツ」がそれぞれ訛ったもの。
（児島恭子氏提供）

古代の蝦夷《えみし》はアイヌなのか（「蝦夷」＝アイヌ説）、それともアイヌではなく東北の辺境の民を指した呼称《こしょう》なのか（非アイヌ説〔辺民説〕）、という問題が長い間論争されてきました。しかし、現在では考古学研究の著しい進展もあって、両説を二者択一的に理解することは間違いであることが通説になっています。

本章では、こうした問題を念頭に置きながら、古代から平安時代末期の奥州藤原氏の時代にいたる東北の歴史の特徴を考えてみることにしました。

Q1 東北地方にアイヌ語地名が多いのはなぜですか。

A1 アイヌ語地名は、「ポロ・ナイ（大きい・川）」のようにアイヌの生産・生活に密着した場所の地形の特徴を表現した名称であるところに大きな特徴があります。

東北地方で最も多いアイヌ語地名は、アイヌ語で「川・沢」の意である「〜ナイ」・「〜ペツ。〜ベツ」です。しかし、東北地方でもアイヌ語地名が多い地域は、青森県・岩手県・秋田県の三県と宮城県北部地域で、なかでも密集分布地域は、津軽半島・下北半島の海岸部、青森・岩手県の馬《ま》淵川《べちがわ》本・支流地域、岩手県北上山地の遠野《とおの》市の猿ケ石川流域、秋田県北部米代《よねしろ》川上流の鹿角《かづの》とその支流の阿仁《あに》川流域、同県南部の雄物《おもの》川源流域及び宮城県北部の江《え》合川《あいがわ》源流域などの山間の河川・沢の流域です。

ではこうしたアイヌ語地名は、どのような歴史的環境の中で形成されたのでしょうか。これには、先に触れた北海道を舞台に展開した続縄文文化の南下現象と密接に関わっていると言われています。

北海道の縄文文化につづく続縄文文化は、稲作を受けいれず、サケ・マス漁などの漁労を中心に狩猟・採集を基盤とした文化で、その時期は本州の弥生時代からほぼ古墳時代に相当します。また、この文化の担い手はアイヌと考えられています。東北地方に南下した続縄文文化は、同文化後半の三〜四世紀頃の＊後北式《こうほく》（江別式《えべつ》）土器と七世紀頃の北大式《ほくだい》土器といわれるものです。これらの続縄文土器は、北海道と東北北部の人々の交易《こうえき》によってもたらされたものではなく、続縄文文化を担った人々が東方地方に移住するとともに、それぞれの地域に一定期間居住していた人々が使用していたものと考えられます。つまり、東北地方のアイヌ語地名は、北海道から主に東北北部地域に移住してきた続縄文文化を担った人々（主にアイヌ）によって付けられたものと考えられるので

秋田県能代市寒川Ⅱ遺跡5号出土の後北式土器（秋田県埋蔵文化センター提供）

＊後北式土器は新潟県・福島県を南限とする地域から出土し、主な出土地域は、下北半島海岸部、青森県八戸市周辺の馬淵川本・支流域、秋田県の米代川支流域、盛岡市周辺以北の北上川本・支流域、宮城県北部の大崎平野以北地域です。
また、北大式土器は、下北半島部、岩手県北上川上・中流域の支流、宮城県北部から出土しています。

す。

Q2 東北地方の住民は、なぜ「エミシ」と呼ばれたのですか。

A2 奈良時代や平安時代には、「蝦夷」と記して「エミシ」と読みましたが、古くはこれに「毛人」という漢字をあてていました。古い時代の「エミシ」という語には、未だ*華夷観念《かいかんねん》が含まれず、「強い人」というニュアンスの言葉でしたが、国家形成期にあたっていたヤマト王権は、次第に国家意識を明確に持つようになり、中国の華夷思想の影響もあって、列島の異文化集団を「化外《かがい》の民」として認識するようになりました。そのことを端的《たんてき》に示しているのが倭王武《わおうぶ》（雄略《ゆうりゃく》天皇）が四七八年に中国の南朝宋の皇帝に提出した国書中の次の文です。

「東は毛人を征すること五十五国、西は衆夷《しゅうい》を服すること六十六国、渡りて海北《かいほく》を平ぐること九十五国」。中国の漢代に成立したとされる『山海経《せんがいきょう》』に中国の東北部の辺境に全身に毛のはえた人々が住む「毛民国」があると記されていますが、この国書の「毛人」もこうした中国の観念の影響を受けたものでした。しかし、この段階での「毛人（エミシ）」は、東日本全域の住民を指したた

＊中華思想と同じ意味。中華は地理的文化的中心を意味し、周辺の人々を東夷《とうい》・西戎《せいじゅう》・南蛮《なんばん》・北狄《ほくてき》と呼んで蔑視した思想。ただし、日本の華夷観念には西戎がない。

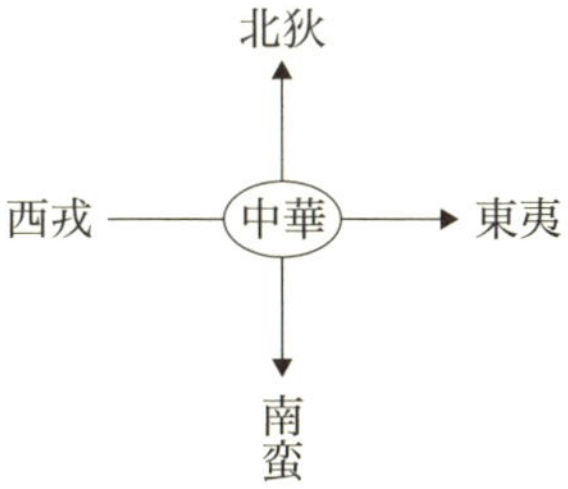

もので、東北地方の住民に限定されたものではありませんでした。

ところが、六〜七世紀にヤマト王権が確立すると、地方の有力首長層を国《くにの》造《みやつこ》に任命し、それぞれの地域の土地と人民の支配にあたらせました。国造はヤマト朝廷に対して貢納《こうのう》の義務を負い、兵役や力役を負担しました。国造が治めるクニは、太平洋側では阿武隈《あぶくま》川の河口以南、日本海側では信濃《しなの》川と阿賀野《あがの》川の河口以南に置かれましたので、七世紀前半までの段階では、こうした境界ラインの以北の地域の住民が「エミシ」とされたわけです。

また、六世紀末に中国に隋《ずい》王朝が成立し、次いで七世紀初めに唐《とう》王朝が成立すると、ヤマト王権や古代国家の華夷意識が一層強くなり、日本を小中華帝国と見る認識が強くなった結果、時の古代国家は、七世紀半ばから九世紀初頭にかけて、「化外の民」としての「蝦夷（エミシ）」支配を強化するために、多賀城（宮城県多賀城市）をはじめ渟足柵《ぬたりさく》（新潟市付近）・出羽柵（山形県庄内地方、後秋田に移転）・桃生《ものう》城（宮城県河北町）・雄勝《おかち》城（秋田県南部）・秋田城（秋田市）・胆沢《いさわ》城（岩手県水沢市）・志波城（盛岡市）等計二〇余の城柵《じょうさく》を造《ぞう》築《ちく》し、これらの城柵を拠点《きょてん》にして「エミシ」に対する軍事・政治的支配を強化するとともに（それによって古代国家に服属《ふくぞく》した「エミシ」を「俘囚《ふしゅう》」と称した）、他方で「エミシ」の朝廷への朝貢《ちょうこう》を強要し、城柵での朝貢交易を積極的に行ったのです。ですから、奈良・平安時代に「蝦夷（エミシ）」と呼んでい

『清水寺縁起』に描かれた「エミシ」。時の中央の人々は、「エミシ」をこのような邪鬼として観念していた（東京国立博物館所蔵）

たのは、まさに日本の古代国家の華夷意識と密接に結びついたものだったのです。

Q3 「蝦夷《えみし》」の社会は、どのような社会だったのですか。

A3 一口に「蝦夷《えみし》」の社会と言っても、その居住地域は、ほぼ現在の東北六県に及ぶ広い地域であるため、その内容も一様ではなく、各時期・地域によって異なっていました。

三～六世紀頃の東北北部の社会は、その多くが北海道から南下してきた続縄文文化人（その主体はアイヌ）の社会でしたが、同じ時期に南方系の和人の文化も東北北部に波及してきました。土師器《はじき》・須恵器《すえき》をはじめ鉄器・ガラスなどの物質文化の受容がその代表的なものです。しかし、前方後円墳に代表される古墳文化の墓制は、岩手県胆沢《いさわ》地方の角塚《つのづか》古墳を除けば、宮城県北部の大崎地方が北限で東北北部では受けいれられず、土壙墓《どこうぼ》が維持されました。

また、五世紀後半から六世紀にかけた時期になると、古墳文化圏の北の地であった宮城県中・北部から岩手県南部の北上川中流域にかけた地域に須恵器の出土量が多く、他地域から流入した土器や、大きな集落が出現するようになる

岩手県・藤沢狄森古墳群3号墳、マウンドの下に墓壙を掘る形式の古墳（岩手県矢巾町教育委員会提供）

のです。これらの拠点集落は、北方世界との交易センターとしての機能をも兼ね備えていたことが明らかにされています。なお、六世紀末には続縄文文化は消滅し、七、八世紀以降には、津軽半島や下北半島部で擦文《さつもん》文化が展開するようになりました。

また、七〜八世紀になると、東北北部社会にも大きな変化を見るようになります。北上川中・上流域や馬淵《まべち》川流域を中心にした地域に古墳文化期に現われるカマドの付いた*隅丸方形の竪穴住居が急増してくるとともに、それによって構成される集落が各地に出現すると同時に、小円墳が現れるのです。こうしたことから、この時期の東北北部では、稲作農業が行われるようになったものと推定されています。

ところが同じ時期でも、津軽・秋田・山形等の日本海側の地域や三陸沿岸地域では、現在のところ七世紀代の隅丸方形の竪穴住居が発見されていないのです。しかし、七一二（和銅五）年の出《で》羽国《わのくに》の設置を大きな契機として秋田県や山形県でも稲作農業が行われるようになりました。

こうした多様な文化・社会を内包した地域に居住していた人々を古代国家は強烈な華夷意識をもとにして一括して「蝦《え》夷《みし》」と称していたのです。

＊四隅が丸味をおびた方形。

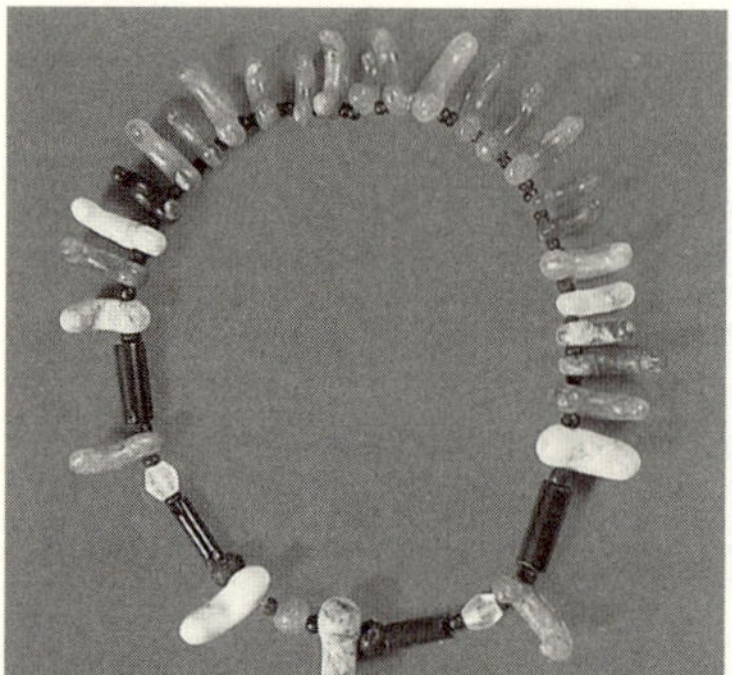

エミシの族長の首飾り（岩手県矢巾町教育委員会提供）

Q4 「柳《やなぎ》之《の》御《ご》所《しょ》跡《あと》」の発掘から何が分かったのですか。

A4 柳之御所跡は、岩手県平泉《ひらいずみ》町のＪＲ東北本線平泉駅の北、約六〇〇メートル、北上川西岸の断崖上にありますが、その発掘調査によって堀と塀《へい》、溝《みぞ》によって囲まれた広大な居館の跡が出現しました。おびただしい量の土器《かわらけ》、国産・中国産の陶磁器、木製の生活用具、金属製品、金塊《きんかい》、寝殿《しんでん》造りの建物の絵・絹のリスト・衣装の注文などを墨で書いた折敷《おしき》等、数々の貴重な遺物が出土した結果、ここが奥州藤原氏の住居の跡であることが確実になりました。発掘の結果分かった重要な問題がたくさんあります。

まず、居館は三つの部分から構成されており、第一の部分は、大きな堀と塀によって囲まれた空間で、塀の中には池と六棟の比較的大型な建物跡があり、井戸跡から重要なものが多く出土していることから、この池と建物がセットをなして住居の中心的な機能を果たしていたものと推察されます。

第二の部分は、柳之御所跡の東南端にある堀だけで囲まれた空間で、ここからは多数の柱穴が検出されています。第三の部分は、同御所跡の西側にある堀の外側の空間で、ここからは幅一メートルほどの溝で囲まれた建物が何棟か検出され、その中には四面に庇《ひさし》付きの大きな建物があることなどから、このうち

柳之御所跡の航空写真（平泉文化財センター提供）

第一と第二の部分が『*吾妻鏡《あずまかがみ》』に見える「平泉館」、第三の部分が藤原秀衡《ひでひら》の子国衡《くにひら》と隆衡《たかひら》の宅があった場所と推定されています。

また、出土遺物のうち、**折敷墨書《おしきぼくしょ》には、人名が記されていますが、計一二名の人名のうち、名字のない三名が三代秀衡の息子たちで、名字を有する人々のうち七名は、主として奥六郡《おくろくぐん》の住人で、平泉館に日常的に出仕していた人々であったことが判明しています。さらに多量の中国産の陶磁器や国産の陶磁器（愛知県の常滑《とこなめ》焼や能登の珠洲《すず》焼）も出ており、初代清衡《きよひら》が平泉を根拠と定めた時期から奥州藤原氏は、博多《はかた》を介して中国産の陶磁器を輸入していただけでなく、日本海海運と太平洋海運を介して、これら国産の陶磁器を多量に輸入していた事実が分かりました。

従来は、奥州藤原氏は、京都文化を直接的に移入したと言われ、政治史の側面では奥羽の権力としてその独自性が強調されていましたが、これらの発掘によって、単なる京都文化の移入にとどまらない平泉文化の独自性が明らかになっただけでなく、その生活様式や交通のあり方から、奥州藤原氏の時代そのものが、もはや古代ではなく、中世の始まりとでもいうべき時代であったと位置づけられるようになったのです。

*源頼朝の挙兵から一二六六年宗尊親王《むねたかしんのう》の帰京までの諸事件を記した鎌倉幕府の記録。

**檜のへぎ板で縁をつけた四角い盆に書いた墨書。

白磁水注（平泉文化財センター提供、文化庁保管）

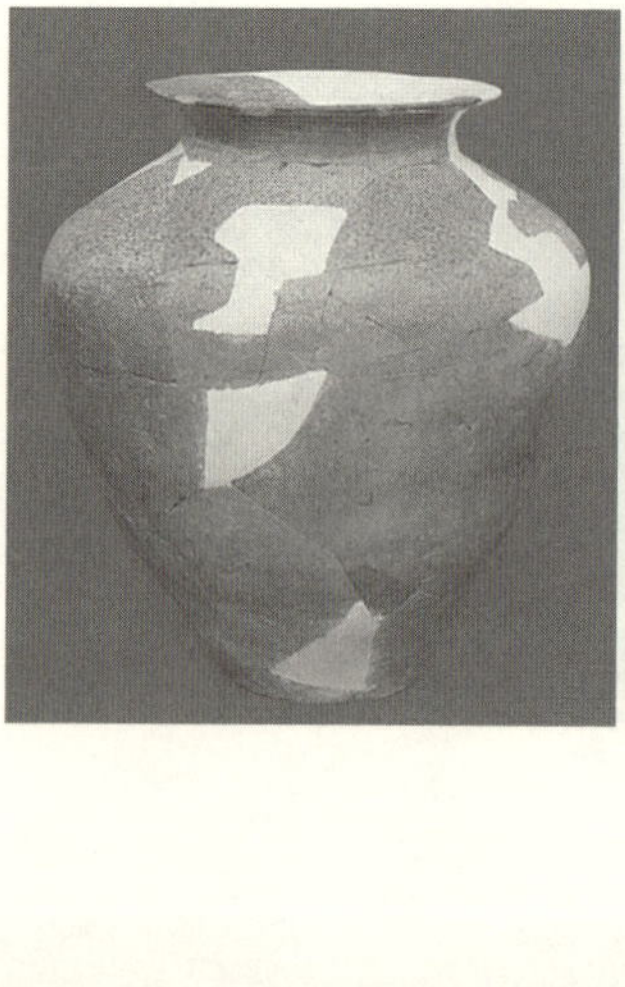
常滑壷（岩手県文化振興事業団埋蔵文化センター提供）

3 躍動する北の中世

東北地方の現青森県域まで中央の支配権力が直接及ぶようになったのは、鎌倉時代からです。一昔前までは、鎌倉期以降の東北の歴史を中央政権との関わりのみで理解する傾向が強かったのですが、近年は、広く北東アジア地域を含めた世界の動向を無視しては、中世奥羽《おうう》の真の姿が見えてこないとされています。そこで本章では、「戸」の付く地名の問題も含めて鎌倉期の北奥《ほくおう》の動向を北東アジア世界の動向との関連で考えてみることにしました。

鎌倉期北奥の郡郷図
(『アイヌの歴史と文化①』創童舎刊より作図)

Q1 青森県と岩手県に「戸（へ）」の付く地名が多いのはなぜですか。

A1 東北地方の地図を見ると、岩手県北部に一戸《いちのへ》町・二戸《にのへ》市、青森県の太平洋側に三戸《さんのへ》町・五戸《ごのへ》町・六戸《ろくのへ》町・七戸《しちのへ》町・八戸《はちのへ》市・九戸《くのへ》村があり、「戸（へ）」の付く地名が青森県の太平洋側と岩手県の北部に集中して存在しています。これら「戸」の付く地名がどのような歴史的背景の中で形成されたのか、という問題については従来さまざまな説があって、定説と呼べるものがありませんでしたが、近年の東北古代・中世史研究の著しい進展によって、一二世紀の奥州藤原氏の時代に設定された地名で、しかも馬産と密接に結びついた地名と解されるようになりました。その要点を記すと次の通りです。

古代国家は、八、九世紀以降奥羽《おうう》地方に対する支配を強化し、陸奥《むつ》地方では九世紀半ば頃までに北上川流域沿いに胆沢《いさわ》・江刺《えさし》・和賀《わが》・稗貫《ひえぬき》・斯波《しわ》の五郡を建置《けんち》し、次いで一〇世紀半ば頃に、これら五郡の北側に岩手郡をつくり、この岩手郡を大きな契機《けいき》として「奥六郡《おくろくぐん》」という新しい概念が成立しました。この「奥六郡」の支配者に現地の豪族阿倍氏を起用し、阿倍氏を介して「奥六郡」の北部と東部にある蝦夷《えみし》の地域（その多くが「何々村」・「閉伊《へい》七村」等と称した）を支配しました。

その後、一一世紀後半の前九年・後三年合戦によって阿倍氏や出羽の清原氏が相次いで滅亡・衰退すると、代わって北奥羽の現地支配者として台頭してきたのが平泉の奥州藤原氏でした。この奥州藤原氏は、いち早く北奥羽だけでなく奥羽両国を支配し、それにともない一二世紀半ば頃までには、それまで蝦夷《えみし》の居住地とされてきた「奥六郡」の北部や東部の地域に糠部《ぬかのぶ》・閉伊《へい》・久慈《くじ》などの諸郡を設け支配しました。

こうして奥州藤原氏は、「奥六郡」以北の地域を支配する過程で、後に奥大《おくだい》道《どう》と言われる北上川沿いを北上し、七時雨《ななしぐれ》峠を越えて糠部に入る道の最初の平地に一戸を、次いで二戸・三戸・四戸を、また五戸川流域に五戸、奥入瀬《おいらせ》川流

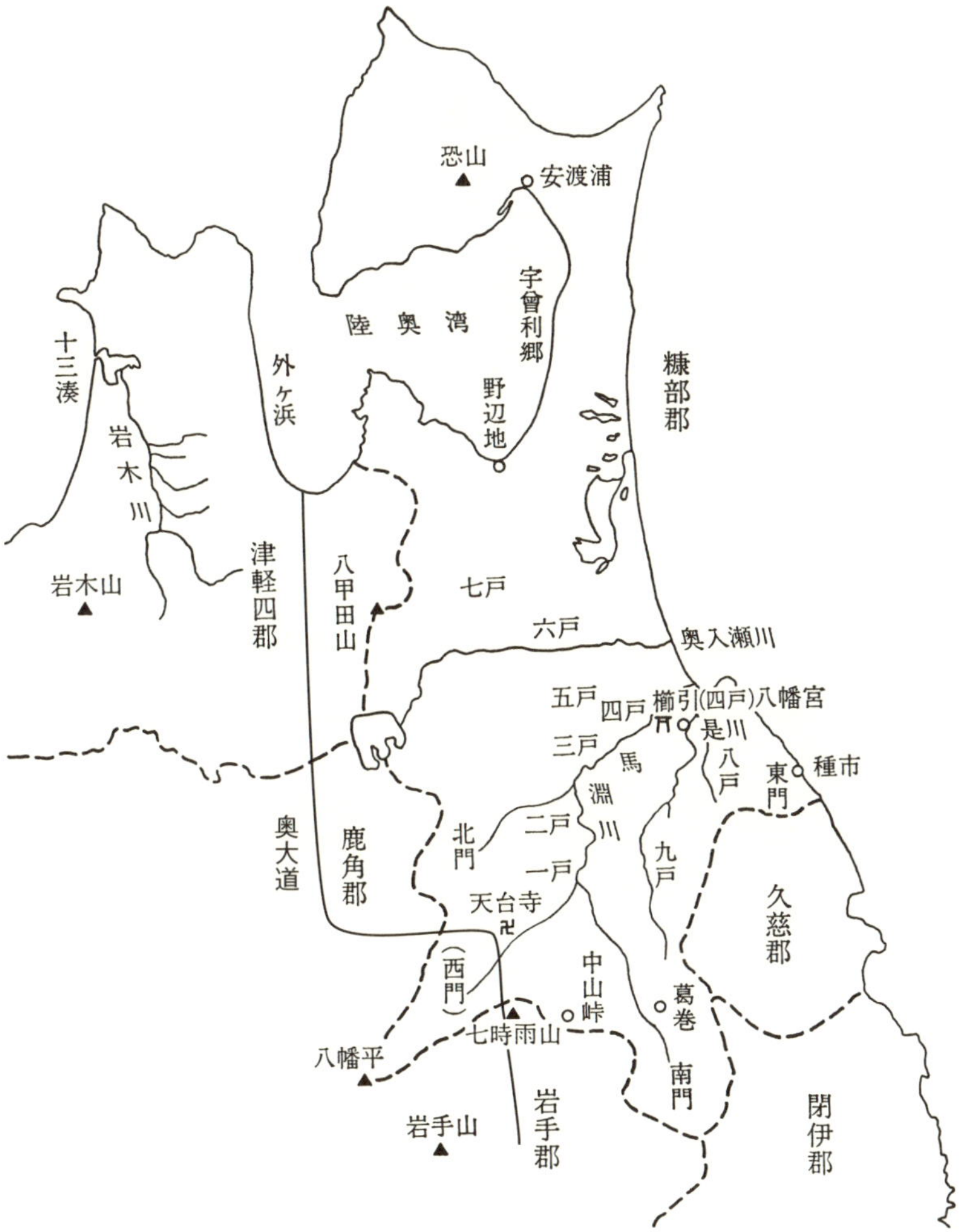

戸の分布図（『北日本中世社会史論』吉川弘文館より作図）

域に六戸、七戸川流域から野辺地にかけた地域に七戸、馬淵《まべち》川河口部付近の平野部に八戸、北上山地の瀬月内川《せつきないがわ》流域に九戸を設置し、さらに「戸」に編成されなかった南部の残余地に東西南北の四「門（かど）」を置くという特殊な行政区画を実施しました。この地域こそが後世「糠部の駿馬《しゅんめ》」と呼ばれた名馬の産地でした。なお現在は、「四戸」地名はありませんが、創設当時は「一戸」から「九戸」まで存在していたのです。

Q2 津軽の安藤氏は、どのような豪族だったのですか。

A2 平安時代後期までは「蝦夷」と書いて「エミシ」と読み、この時期までの「エミシ」は主に東北地方の住民に対する呼称でしたが、一二世紀頃を大きな境にして、以後「蝦夷」を「エゾ」と読むようになり、対象地域も東北地方から北海道へと変化するとともに、人間集団としては「アイヌ」を指すようになります。ではなぜこの時期にこうした「蝦夷」の呼び方に変化が見られるようになったのでしょうか。

その最大の要因は、ちょうどこの時期に奥州藤原氏が奥羽全域を支配するに至ったことに加え、院政期の国家によって奥州藤原氏が「エゾ」の統括者とし

十三湊遺跡の航空写真、上が日本海、下が十三湊（『中世都市十三湊と安藤氏』新人物往来社刊より転載）

て位置づけられていたところにあります。

　ところが一一八九（文治五）年、源頼朝が奥州藤原氏を滅ぼし、鎌倉幕府を興《おこ》すと、奥州藤原氏の地位をそっくり踏襲《とうしゅう》するとともに、「東夷成敗権《とういせいばい》」という新たな「蝦夷（エゾ）」＝アイヌに対する支配権を得ました。そして津軽の豪族・安藤氏を鎌倉幕府の二代執権・北条義時《よしとき》の「代官」に任じたのです。

　ところで鎌倉幕府が成立すると、幕府は奥羽両国を支配するために相次いで関東に本拠を置く有力御家人をその地域に派遣すると同時に、津軽・糠部《ぬかのぶ》地域に多くの北条氏所領を設けましたが、その中心が津軽土着の豪族・安藤氏でした。安藤氏は、他の御家人や北条氏被官《ひかん》と異なって「エゾ」と密接な関係を持つ系図を作成した豪族で、しかも、以前から海上交通の拠点を中心に北の世界で活躍していた豪族でした。

　こうして津軽安藤氏は、鎌倉幕府が成立すると、以後、鎌倉幕府の持つ「東夷成敗権」を媒介《ばいかい》にして「夷島（えぞがしま）」（現北海道）へ流刑された人々の現地管理者という役割を担わせられると同時に、津軽「外ケ浜」や十三湊《とさみなと》に交易のために往来《おうらい》する「夷島」の住民も含めて北辺の「エゾ」の居住地全域の統括を担わされた豪族として成長していったのです。こうした歴史的経緯を背景にして、鎌倉末期には、津軽安藤氏が「蝦夷管領」と称されるようになりました。

……又太郎宗季──┬─高季（師季）──法季──盛季──泰（康）季──義季　　（十三湊安藤氏）
　　　　　　　　├─湊 鹿季……………………………………　　（湊安藤氏）
　　　　　　　　└─潮潟四郎 道貞──重季──┬─師季（のちに政季）……実季（檜山・秋田安東氏）
　　　　　　　　　　　　　　　　　　　　　└─家政……………………　　（夷が島・下国安藤氏）

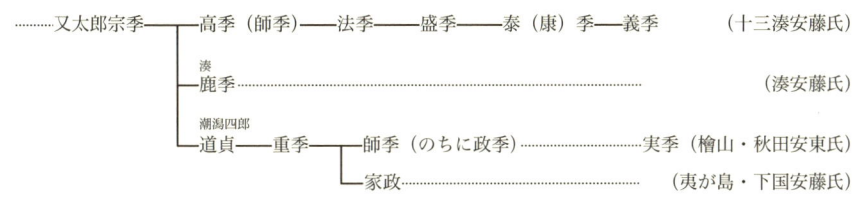

Q3 「北からの蒙古襲来《もうこしゅうらい》」は本当にあったのですか。

A3 鎌倉時代の一二七四（文永一一）年と一二八一（弘安四）年の二度にわたる元軍の北九州への来襲は、「蒙古襲来」としてよく知られています。

近年の北方史研究の進展によって、この北九州への「蒙古襲来」に前後した時期にモンゴル・元朝がサハリンのアイヌを攻略《こうりゃく》していた事実が解明されました。この北方世界で起きた出来事が北奥の津軽安藤氏にも大きな打撃を与えたために、このモンゴル・元朝によるサハリンのアイヌ攻略の歴史的意味を重視する立場から、これら北方地域で起きた出来事を「北からの蒙古襲来」と称する見解が提起されるようになったのです。モンゴル・元朝によるサハリンのアイヌ攻略に関する日本側の記録は、残念ながら残存していませんが、中国側の史書である『元史《げんし》』や『経世大典《けいせいたいてん》・序禄《じょろく》』には詳細な記事が記されていますので、主にこの中国側の記録によって、その内容をみてみましょう。

『元史』によると一二六四（日本・文永元）年、「骨嵬（クイ）」＝アイヌが、すでにモンゴルの支配下に編入されていたギリヤークの居住地域を年々侵すので、時のモンゴルのハーン（皇帝）であるフビライがギリヤークの要請に応えてサハリンに軍隊を派遣して「アイヌ」を征討《せいとう》したといいます。これがモンゴ

元の世祖フビライの肖像画（モンゴル国立歴史博物館蔵、榎森撮影）

ル軍によるサハリンのアイヌ征討に関する最初の記事です。

この時期は、北海道のアイヌが日本社会側が求める鷲羽・鷹・テン皮・アザラシ皮・オットセイなどの捕獲を目指して盛んにサハリンに進出していた時期でした。それだけに、その後もアイヌとギリヤークの抗争が続いたため、元朝（一二七一年成立）は、一二七二（文永九）年以降、アイヌ征討に力を注ぎ、一二八六（弘安九）年には「兵万人・船千艘《そう》」をもってアイヌ征討を行ったのです。それでもサハリンのアイヌは元軍に屈しなかったのですが、一三〇八（延慶元）年にはついに元軍に屈し、以後元朝に朝貢することとなったのです。

ところが、フビライがサハリンのアイヌ攻略を行った直後の一二六八（文永五）年に津軽安藤氏をめぐる「エゾ」の蜂起《ほうき》があり、それによって「安藤五郎」が「エゾ」によって首を取られるという事件が起きたのです。この「安藤五郎」は、執権北条義時によって「東夷《とうい》ノ堅《かた》メ」に北条氏の「代官」として津軽に置かれた安藤氏でした。

当時のサハリンのアイヌは北海道から進出していたアイヌであり、しかも彼らは日本社会側が求める商品の捕獲《ほかく》を求めて北上していたことや、時の津軽安藤氏は、アイヌ交易権を掌握《しょうあく》していたのみならず、「エゾ」（アイヌ）を統括する立場にあったことなどを考慮すると、フビライのアイヌ攻略と関連した事件であったものと見られるのです。

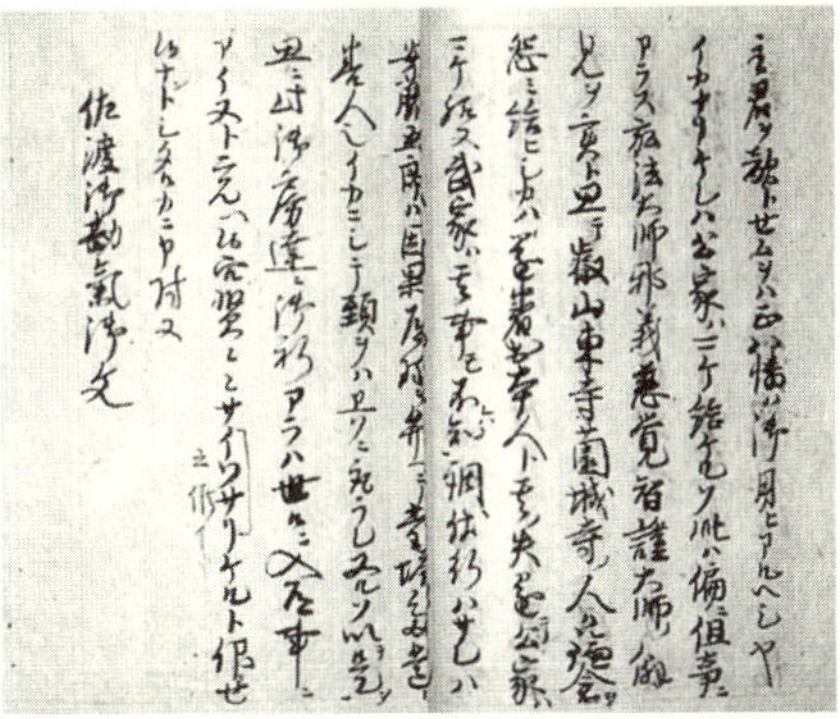

「日蓮遺文」、津軽安藤氏がアイヌ民族によって首を取られたことを伝える貴重な史料（山梨県身延山久遠寺提供）

4 奥羽《おうう》の激動の時代

室町・戦国期の日本は、国際関係の上では、中国大陸に成立した明朝の冊封《さくほう》体制に編入された時期であり、国内では、各級の豪族・大名が自己の支配領域を力ずくで拡大していった時期でした。この時期の奥羽の動向も例外ではありません。とくに北奥羽の豪族の動向は、この時期の「夷島《えぞがしま》」を含めた奥羽の世界のあり方にきわめて大きな影響を与えていました。本章では、明朝のアムール政策とアイヌ民族の関係や北奥羽の主要な豪族・大名の動向の歴史的意味を考えてみます。

アムール川最下流域のティルの丘陵。明朝は、1409年、この地の近くに「奴兒干都司」を設置した
（榎森撮影）

Q1 中国の明朝《みんちょう》がアイヌ民族と関係があったというのは本当ですか。

A1 本当です。一三六八（日本・応安元）年に元朝が滅亡すると、漢族の朱《しゅ》元璋《げんしょう》が皇帝に即位し、国号を「大明《だいみん》」と称して、明朝を興《おこ》しました。明朝とアイヌ民族の関係を知るうえで重要なことは、以下の点です。明朝はいち早くアムール川下流域とサハリンの居住民（民族）の首長層に明朝への朝貢を促し、首長層を「衛*《えい》」の役人に任じて羈縻《きび》「衛」を相次いで設置し、当該地域

＊明代の兵制である衛所《たいしょ》のうち「所」より上級の軍の機関。ここでいう「衛」は、少数民族に対する支配政策として、その有力者を懐柔し、間接統治を行うために設置されたもの。

の治安維持と明朝への朝貢《ちょうこう》を義務づけました。一四〇九（応永一六）年、サハリンの居住民に対する支配を強化するために、アムール川最下流域の奴兒干《ヌルガン》地に「奴兒干《ヌルガン》都司《とし》」を設置し、以後明朝は造船・兵糧《ひょうりょう》などを準備して、一四一一（応永一八）年、内官イシハ以下官軍千余人、巨船二五艘を奴兒干に派遣したうえで、翌一二（応永一九）年冬に再度「海外《かいがい》苦夷《クイ》諸民《しょみん》」（サハリンのアイヌ他の諸民族）の地にも至らせ、両地域の諸民族に、明朝への服従を強要しました。翌一三（応永二〇）年秋には奴兒干地のティルの丘陵に永寧《えいねい》寺を建立《こんりゅう》し、それを記念して同地に永寧寺碑を建立したことです。

また、明朝は、サハリンに三カ所の羈縻「衛」を設置しました。「衛」の役人に任じられた人々が明朝に朝貢した際には貢物《みつぎもの》としてその地域の特産物（主にテン皮・鷹・アザラシの牙《きば》など）を献上《けんじょう》することを義務づけていましたが、明朝は、これらの貢物を持参した役人に対し「賞賜《しょうし》」として彩色花文様の織物や絹・麻製の服・靴などを与えました。このように、アムール川最下流域やサハリンに設置された「衛」の役人が一六世紀の半ば頃まで一貫して奴兒干都司や南京《ナンキン》・北京《ペキン》に朝貢しているので、明朝がアイヌ民族と関係を持っていたことに加え、アイヌ民族がこうした地域の諸民族と中国産の織物や服を交易していたことは確実と見てよいでしょう。

明朝が一四一三年秋、奴兒干地のティルの丘陵に「永寧寺」を建立し、それを記念して「永寧寺碑」を建立した。同石碑は、現在ウラジオストクのアルセーニエフ記念博物館に所蔵されている（榎森撮影）

イシハの想像画。中国の松花江上流域に所在する現吉林市東部郊外の明・清代の造船所があった地にある博物館「吉林明清船廠歴史陳列」内に展示している（榎森撮影）

Q2 「日の本《もと》将軍」とはなんですか。

A2 応永年間（一三九四～一四二八年）に時の室町幕府に大きな衝撃を与えた事件が北方世界で起きました。これが「夷狄《いてき》」の蜂起《ほうき》・「北海夷狄」の動乱と呼ばれるものです。この動乱の鎮圧《ちんあつ》で大きな活躍をしたのが津軽十三《とさ》湊《みなと》を根拠地にした下国《しものくに》安藤盛季《もりすえ》の子・康季《やすすえ》と盛季の弟で当時秋田湊《みなと》を根拠地としていた安藤鹿季《かのすえ》でした。そのため、鎌倉時代以来、「北狄の押さえ」として津軽に置かれた安藤氏の宗家である津軽十三湊の下国安藤康季がその功により室町幕府から「日の本《もと》将軍」の地位に任じられたのです。一四三六（永享八）年、津軽十三湊を根拠地とした下国安藤康季《やすすえ》が後花園《ごはなぞの》天皇の命を受けて若狭国《わかさのくに》小浜《おばま》の羽賀寺《はがじ》の再建を行いましたが、そのことを記した『羽賀寺縁起《えんぎ》』に彼の名が「奥州十三湊日之《の》本将軍阿倍康季」と記されているのもこうした事情によるものでした。

「日の本《もと》」とは、もともと「日高見国」の「日高見」（日の上）と同じく「東」という意味で、その対象地域は、古代には主に陸奥国《むつのくに》のうちの現在の岩手県あたりを指していましたが、その後次第に北上し、中世には中世国家の東の境界と認識されていた「外ケ浜」あたりを指すようになり、一五世紀になる

安藤康季が再建した小浜の羽賀寺の本堂
（小浜市教育委員会提供）

とさらに北上して「外ケ浜」と「夷島《えぞがしま》」を含んだ地域、とくに「夷島」を強く意識した地域概念になりました。

また、「将軍」は、本来天皇から任命された追討《ついとう》将軍を意味する称号ですので、「日の本将軍」とは、古代の「鎮守府《ちんじゅふ》将軍」にも比すべき「蝦夷征討《えぞせいとう》将軍」を意味すると同時に、「夷島」を軍事的に支配する将軍という意味をも有するものでした。ただし、「日の本将軍」という名称は、室町幕府の正式な官職名ではなく、あくまでも通称に過ぎませんでしたが、たとえ通称でも「日の本将軍」なる地位は実に大きい意味をもっていたのです。

中世後期の語り物の一つである『さんせう太夫』は、このことをよく示しています。というのも、安寿《あんじゅ》と厨子王《ずしおう》の父が「奥州日の本の将軍、岩城《いわき》の判官正氏」と記されているからです。『さんせう太夫』は、日本海を舞台とする安寿と厨子王及び母が各地をさすらい歩く物語で、実際に中世末期に日本海を行き交《か》う人々の間で語られていたものです。この物語の舞台は、越後の直江津《なおえづ》を中心に夷島から丹後国に至る日本海の世界ですが、近年、この物語の歴史的背景に関する研究が進展し、物語中の「日の本の将軍」は、実在の「日の本将軍」安藤氏のイメージが投影されたものとの解釈が定説になっています。つまり、「日の本将軍」としての津軽十三湊《とさみなと》の下国安藤氏は、中世末期の語り物に投影するほどの大きな存在であり、具体的には、「日の本地域」の支配者であると

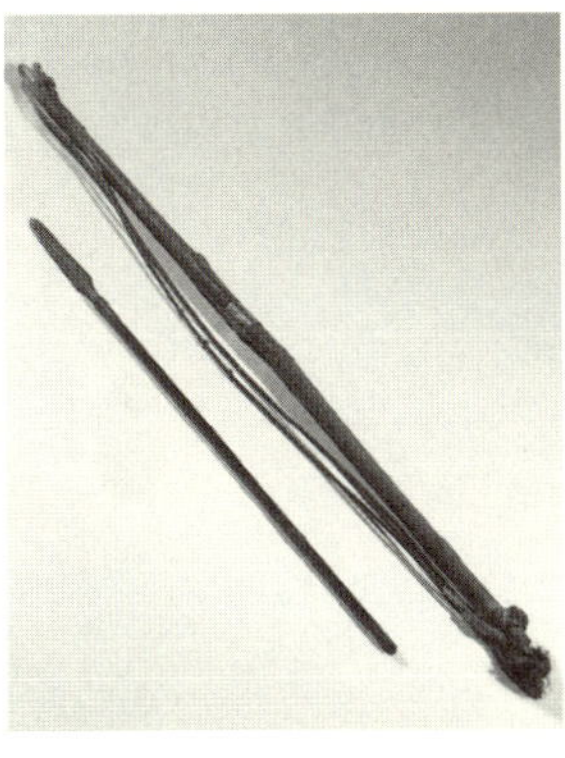
安藤氏を経て秋田氏が代々家宝として保存してきたアイヌ民族の小弓と箭（東北大学付属図書館提供）

安藤愛季の肖像画（東北大学付属図書館提供）

同時に、日本海海運や日本海沿岸諸港間の商品流通においてきわめて大きな力量を有する存在だったことを余すところなく示しているのです。

Q3 津軽の安藤氏は、なぜ「夷島《えぞがしま》」に逃れたのですか。

A3 鎌倉時代に、執権北条氏の代官として北条氏の所領である得宗領《とくそうりょう》を管理しただけでなく「夷島《えぞがしま》」（北海道）とアイヌ民族の支配権を幕府から与えられた津軽安藤氏は、以後これらの立場を積極的に活用して津軽地域と太平洋側の「糠部郡《ぬかのぶぐん》」を支配すると同時に、「夷島」と上方を結ぶ日本海海運を掌握し、北奥の雄として北方世界に君臨してきました。ところが、この間、「糠部郡」を拠点に南部氏が急速に成長してきたのです。糠部の南部氏一族は、八戸南部家や三戸南部家など多くの家の連合体として構成されていましたが、南北朝の内乱期には最後まで南朝方について内乱をくぐりぬけ一四世紀半ば以降、三戸南部氏が八戸南部氏に代わって南部氏宗家の地位を占めるようになります。南部氏が支配した「糠部郡」は、一般の郡とは異なる一種の特別行政区で、一国にも匹敵するほどの広大な地域であり、しかも一二世紀の奥州藤原氏の時代に、九戸・四門を設置した地域でした。中世には、「糠部の駿馬《しゅんめ》」と言われ、

南部氏の支配領域図（『図説・青森県の歴史』河出書房新社刊より作図）

良馬の主産地であっただけでなく、その北部はアイヌ民族の居住地でもあるという特殊な地域でした。それだけに、こうした地域のほぼ中間地に当たる八戸を根拠地にした八戸南部氏は、南部氏一族の中では宗家三戸南部氏の配下にあったものの、その支配領域は、八戸周辺から上北・陸奥湾沿岸にまで及んでいたこともあって、三戸南部氏から独立した立場を維持していたのです。

こうした状況を背景にして南部氏は、一五世紀半ば頃までに、津軽安藤氏の支配領域であった下北半島部の宇曾利郷《うそりごう》（下北）一帯を支配しただけでなく、同じく津軽安藤氏の支配領域である日本海側の津軽地域に侵入し、一四三二（永享四）年には、下国安藤氏の拠点である津軽十三湊を攻撃するに至りました。その結果、下国安藤氏は、南部氏に敗れ「エソカ島」（『満済准后日記《まんさいじゅごうにっき》』）に敗走することとなったのです。

こうした事態の発生は、時の室町幕府に大きな衝撃を与えました。というのも下国安藤氏の「エソカ島」への敗走は、室町幕府の下国安藤氏を介した北奥と夷島との一体的支配や日本海沿岸諸港間の商品流通と海運の把握に大きな支障をきたすことになるからです。そのため室町幕府は、下国安藤氏を十三湊に復帰させるために南部氏に何度も下国安藤氏と和睦《わぼく》させるための使者を派遣しましたが、南部氏は幕府の指示を頑として拒否し続けました。しかし、南部氏は、最終的に幕府の調停策を受け入れたため、下国安藤氏は十三湊に復帰しましたが、一四四二（嘉吉二）年、再び南部氏に攻められて十三湊を放棄《ほうき》し、津軽半島の小泊《こどまり》に逃れた後、翌四三（嘉吉三）年に「夷島」に逃れたのでした。南部氏がこれほどまでに下国安藤氏を攻略し続けたのは、安藤氏が有する蝦夷支配権を奪う目的があったものと解されます。

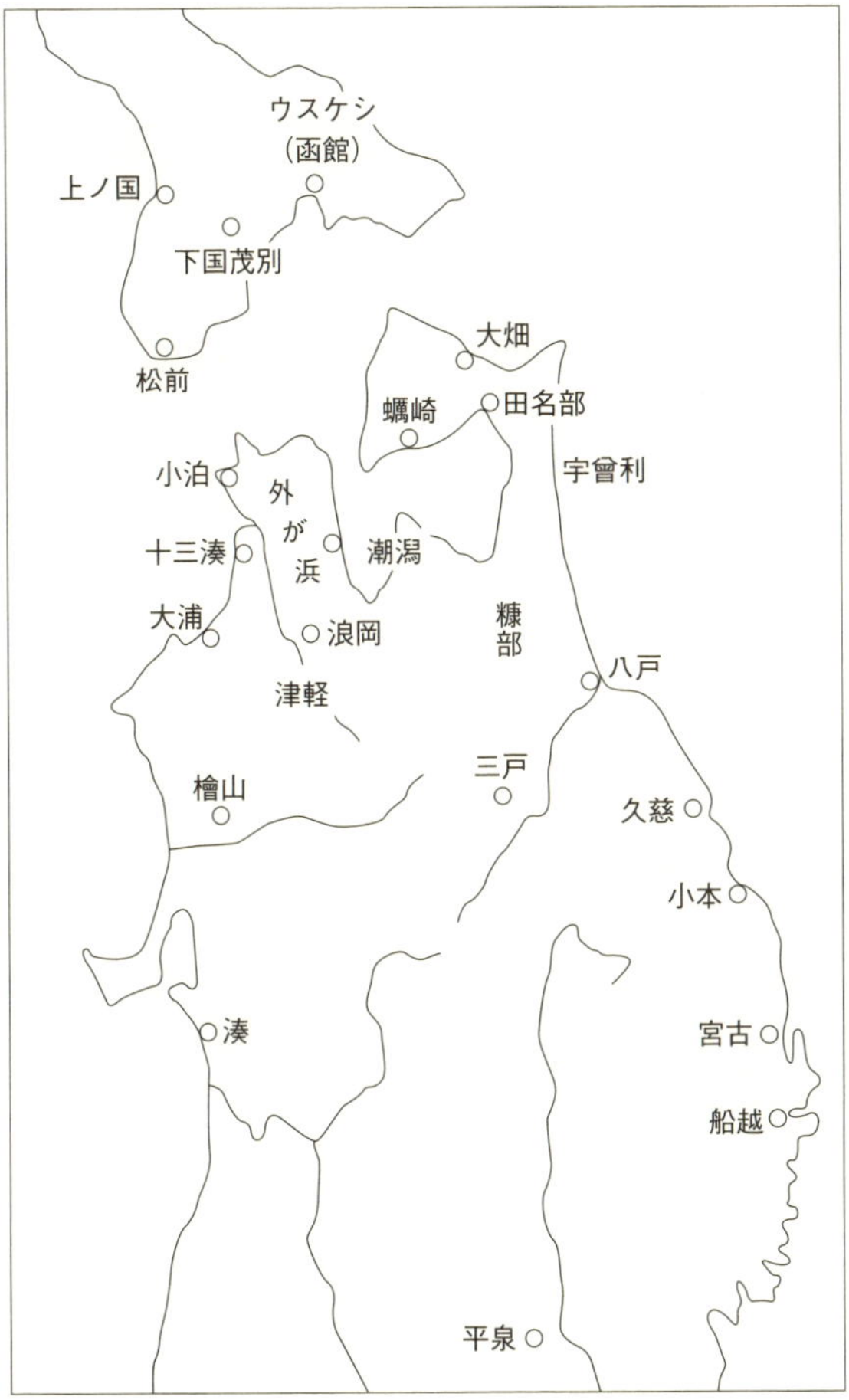

中世後期の北奥羽と夷島南部（（『北の内海世界—北奥羽・蝦夷ケ島と地域諸集団』山川出版社刊より作図）

5 統一政権と奥羽《おうう》

奥羽地方は、秀吉の「奥羽仕置《おううしおき》」を経て幕藩制国家の支配領域に再編されました。本章では、主に近世前期における奥羽地方の大名配置の特質や各大名による新田開発、百姓の鉄砲所持の問題を素材にして、近世前期における奥羽地方の特徴を考えてみることにしました。

豊臣秀吉画像
（堺市博物館提供）

Q1 秀吉の「奥羽仕置」とはなんですか。

A1 一五八五（天正一三）年に関白となった秀吉が、最初に着手したのが九州平定の事業でした。当時九州は、薩摩《さつま》の島津氏が急速に勢力を伸ばし、豊後《ぶんご》（現大分県の大部分の地域）の大友氏を圧迫するまでになっていました。戦国時代に終止符を打ち、天下統一を目指す秀吉にとって、戦国大名間の争いは「私戦」であり、これを禁止することが当面の大きな課題になっていたからです。

ところが島津氏は、この停戦命令に従わなかったため、翌八六（天正一四）年、秀吉は諸大名に「九州征伐《せいばつ》」の動員令を発令し、翌年には九州平定に成功、

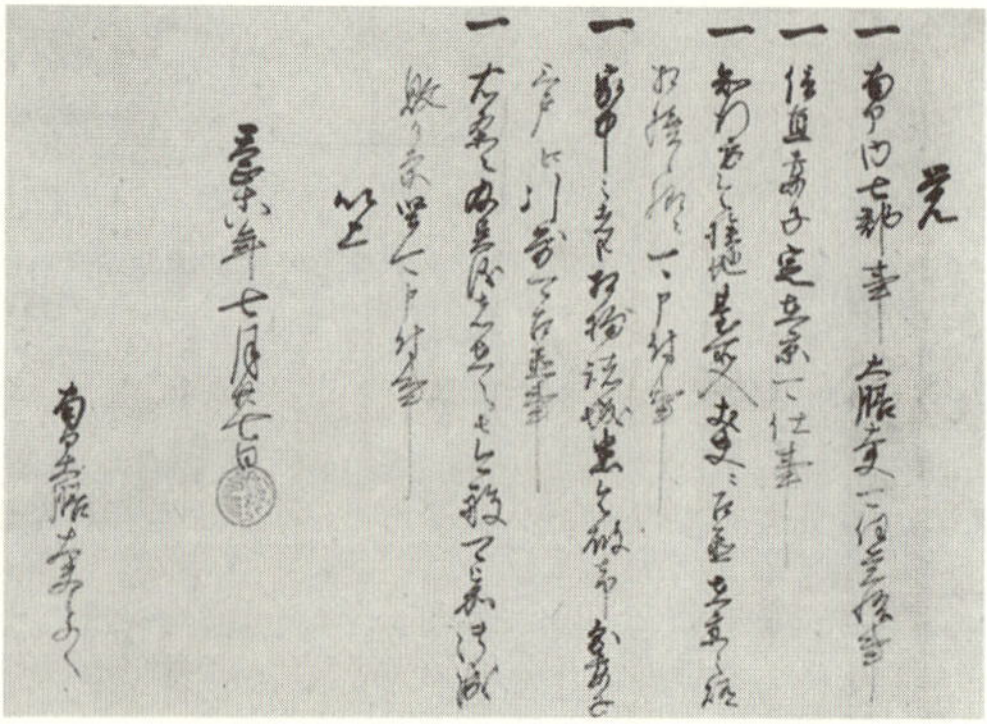
南部大膳大夫（信直）宛秀吉朱印状（盛岡中央公民館提供）

次いで、関東・奥羽地方の諸大名に対して領地紛争の全面停止を命じ、八九（天正一七）年には、依然として支配領域をめぐって紛争を続けていた小田原の北条氏に宣戦布告し、諸大名に動員令を下すとともに、翌年には北条氏への総攻撃を開始し、同年七月、小田原城は落城しました。

こうして秀吉は、この小田原攻略を関東・奥羽仕置の大きな布石にして、九○（天正一八）年から九一（天正一九）年にかけて奥羽諸大名の領地における太閤検地《たいこうけんち》を強行するとともに、婦女子を人質として差し出させて忠誠を誓わせ、秀吉に服従した大名のみを新たな大名として認めていったのです。この奥羽の諸大名を対象とした秀吉の政策を「奥羽仕置」と称し、これは、天下統一の総仕上げの事業で、秀吉は、これを大きな基盤にして、翌一五九二（文禄元）年、朝鮮侵略を行ったのです。

Q2 近世における奥羽地方の大名配置には、どのような特徴があるのですか。

A2 「奥羽」は、陸奥国《むつのくに》と出羽国《でわのくに》の二国のことで、現在の東北六県に対応する地域です。陸奥国は、現青森県・岩手県・宮城県・福島県の四県域に対応し、出羽国は、現秋田県・山形県の二県域に対応します。このうち、青

南部信直画像（盛岡中央公民館提供）

津軽為信木像（弘前市立図書館提供）

森・岩手・宮城の三県域における主な大名・藩の配置を見ると、北から弘前《ひろさき》藩、黒石藩・七戸藩・八戸藩・盛岡藩・一関藩・仙台藩・岩沼藩などがありましたが、黒石藩は弘前藩の分領、七戸藩と八戸藩は盛岡藩の分領、一関藩と岩沼藩は仙台藩の分領ですので、代表的な大名・藩は、青森県の西部を領した津軽《つがる》氏（外様《とざま》）の弘前藩、青森県北東部の下北半島から岩手県の花巻南部までの地域を領した南部氏（外様）の盛岡藩、岩手県南部から宮城県全域を領した伊達《だて》氏（外様）の仙台藩の三大名・三藩です。陸奥国の最南部にある福島県には、大小二〇の藩がありましたが、そのうち代表的な藩が本多氏・堀田氏・板倉氏（共に譜代《ふだい》）の福島藩、上杉氏・蒲生《がもう》氏・加藤氏（共に外様）・保科《ほしな》氏・松平氏（共に親藩）の会津藩、丹羽氏（外様）・榊原氏・本多氏・松平氏（共に譜代）・松平氏（親藩）・阿部氏（譜代）の白河藩などですが、その多くが譜代・親藩大名であったこと、藩主が相次いで替わっているところに特徴があります。

出羽国の北部である秋田県には、大略七藩がありましたが、そのうち代表的な藩が秋田県北部の約三分の二の地域を領する佐竹氏（外様）の秋田藩、同県南部地域を領する六郷氏（外様）の本荘藩で、出羽国の南部である山形県には、約一三の藩がありましたが、そのうち代表的な藩は、酒田《さかた》港を領した酒井氏（譜代）の鶴岡藩、村山地方の中心地域を領した最上《もがみ》氏（外様）・鳥居《とりい》氏（譜代）・保科氏・松平氏（共に親藩）・松平氏・奥平氏・堀田氏・松平氏・秋元

伊達政宗甲冑像（仙台市博物館提供）

蒲生氏郷画像。蒲生氏郷は、一五九〇（天正一八）年、秀吉より会津地方を中心とした領知を与えられ、会津に天守閣を築き、城下の町割りも行ったが、一五九五（文禄四）年死去した（会津若松市・興徳寺提供）

氏・水野氏（共に譜代）の山形藩、同県南部置賜《おきたま》郡を領した上杉氏（外様）の米沢藩です。これらの大名配置のあり方で特徴的なことは、奥羽地方のうち福島県と山形県を除く地域には外様大名、しかも一円知行の大名が多いのに対し、福島県と山形県には会津藩・鶴岡藩・山形藩などの譜代・親藩大名が多かったのに加え、会津藩・山形藩ともに、藩主が頻繁に替わっていることです。

Q3 奥羽の諸大名が新田開発に力を注いだのはなぜですか。

A3 その根本的な要因は、近世の幕藩《ばくはん》制社会が石高《こくだか》制を編成原理とした社会であったところにあります。石高制というのは、土地の生産力を米の生産力を示す石高で示し、その石高を社会体制を編成する基礎においた制度のことです。その結果、石高は、村に対する年貢賦課《ふか》の基準となっただけでなく、大名の将軍に対する軍役《ぐんやく》奉公や大名の家格・序列を決める目安ともされたために、新田開発は、近世初期に全国各地で行われました。とくに米の生産力が低いにもかかわらず、幕府の蝦夷地《えぞち》・アイヌ民族政策との関わりから早期に蝦夷地警備に動員された弘前・盛岡両藩にあっては、藩財政を強化する必要もあって新田の開発に力を注《そそ》いだのです。

佐竹義宣画像（秋田市・天徳寺提供）

近世初期の弘前藩の表高（幕府から認められた石高）は、わずかに四万七〇〇〇石でしたが、一七世紀に新田開発に力を注いだ結果、一七世紀末の新田高は一九万七三〇〇石余になり、盛岡藩の場合は、表高一〇万石であったのに対し新田高は一四万八〇〇〇石に増加したのです。つまり、弘前藩の新田高は、表高の実に四倍、盛岡藩にあっても表高の一・四倍に増加したのです。また、両藩の新田開発で特徴的なことは、弘前藩では、寛文年間（一六六一〜七三年）に津軽半島の北部や岩木川下流域の広大な湿地帯を開発したことであり、盛岡藩にあっては、一六六五（寛文五）年から一六七九（延宝七）年までの一五年間に藩内の囚人《しゅうじん》を開発労働力として使役《しえき》し、新田が完成すると囚人を解放し、家屋・土地を与えて新田百姓として定着させたことなどです。

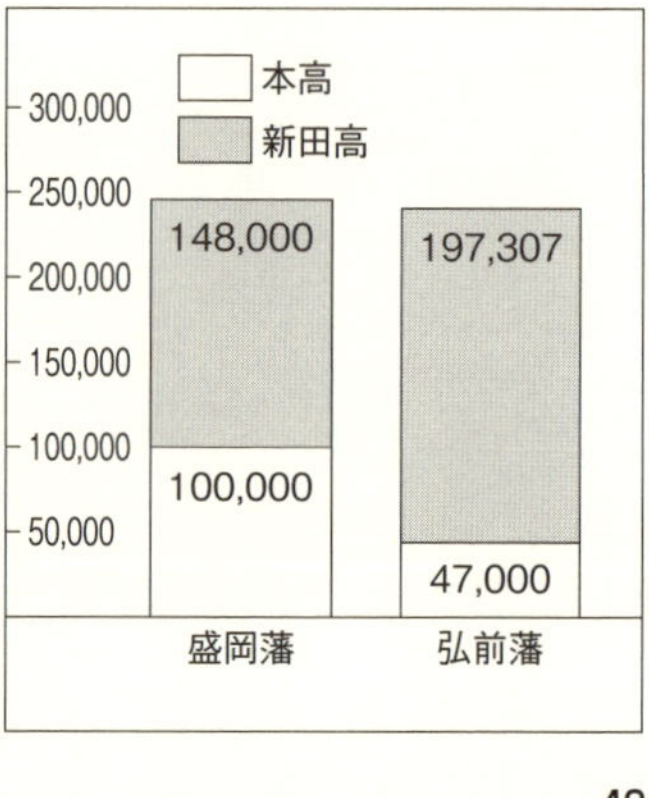

弘前藩と盛岡藩の本高と新田高の比較（『図説・青森県の歴史』河出書房新社刊より作図）

Q4 江戸時代の百姓は、武器の所持を禁止されていたのに、鉄砲を所持していたのはなぜですか。

A4 江戸時代には、兵農分離の確立後、武士・猟師以外に百姓・町人が鉄砲を所持することは厳禁されていましたが、農耕に被害を与える猪《いのしし》・オオカミ・鹿などが多い場合には、それを駆除《くじょ》・威嚇《いかく》するための鉄砲の所持を許されていたのです。この鉄砲は領主から拝借《はいしゃく》するもので、一般に「脅鉄砲《おどしでっぽう》」と称しています。関東地方では鉄砲使用の制限が非常に厳しく、江戸から一〇里四方は、猟師でも鉄砲の所持は許されませんでしたが、東北地方では、猟師はいうまでもなく農耕のみに専念する一般の百姓も鉄砲の所持を許されていました。とくに盛岡藩領や弘前藩領では、鉄砲所持の百姓が非常に多かったのです。

盛岡藩領を例にとると、盛岡以南のおもに稲作を中心とした地域と、おもに粟《あわ》・蕎麦《そば》・大豆等の畑作や馬を放牧する牧場が多かった二戸から下北半島にかけた地域の二つに区分することができますが、北部の畑作を中心とした地域では、畑作物に大きな被害を与える猪・鹿などを駆除するため、また馬産地では馬のみならず人間にも大きな被害を与えるオオカミを駆除するために、鉄砲を所持していた百姓が非常に多かったのです。ただし、藩側は、これら鉄砲所持の百姓に対して定期的に「鉄砲改《あらため》」を実施していました。

6 北奥《ほくおう》のアイヌ民族

幕藩《ばくはん》制国家が成立すると、アイヌ民族の居住地域は、津軽《つがる》海峡を境に松前藩の支配地域である蝦夷島《えぞがしま》と海峡以南の弘前藩領及び盛岡藩領の三地域に分断されました。従来アイヌ民族と言えば、津軽海峡以北のアイヌ民族のみに目を向けられがちでしたが、近世には弘前藩領の津軽半島、夏泊《なつどまり》半島と盛岡藩領の下北《しもきた》半島にも居住していたのです。このことは、近世の東北の姿を正しく理解するうえで重要なことですので、本章では、北奥のアイヌ民族について考えてみました。

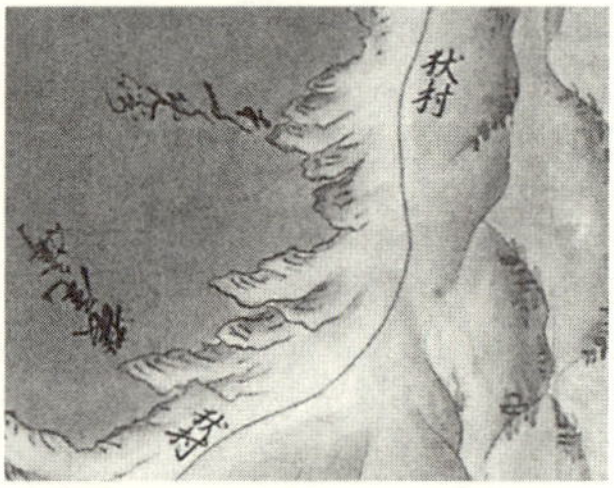

正保２年成「陸奥国津軽郡之絵図」中の津軽半島部分の図。「狄村」が２ヶ所記されている
（青森県郷土館提供）

Q1 近世に青森県の北部にアイヌ民族が居住していたのは本当ですか。

A1 本当です。アイヌ民族と言えば、すぐさま北海道を思いおこす人が多いと思いますが、近年、「北の視点」から日本史像を見直そうとする研究が盛んになった結果、近世にも青森県の北部地域にアイヌ民族が居住していたことが分かってきました。おもな居住地は、津軽《つがる》半島と夏泊《なつどまり》半島及び下北《しもきた》半島です。一六四四（正保元）年、幕府は全国の諸大名に国絵図を作成して幕府に提出するように命じましたが、この幕命によって弘前藩が作成した四五（正保二）年の「陸奥国《むつのくに》津軽《つがる》郡《ぐん》之《の》絵図《えず》」（一般に「正保《しょうほう》国絵図」という）によってそのことが分かります。それは、津軽半島の竜飛《たっぴ》崎にあった「遠見《とうみ》番所」の東側と「小泊《こどまり》村」の北側海岸部の二カ所に「狄村《えぞむら》」と記され、夏泊半島の北西部にも「狄村」が三カ所記されていることです。「狄《えぞ》」はアイヌのことですから、「狄村」とは「アイヌの村」ということになります。しかし、この「絵図」を見る時に注意しなければならないことは、近世の一般的な「村」には村の石高《こくだか》が記されているのに、「狄村」には石高がいっさい記されていないことです。このことは、弘前藩が「狄村」を他の一般的な近世の「村」とは性格の異なる特別な地域として把握《はあく》していたことを示しています。

　次に下北半島部について見ると、近世の下北半島部は盛岡藩領でしたが、盛岡藩が作成した「正保国絵図」には「狄村」の記載がないのです。しかし、このことは同半島にアイヌ民族が居住していなかったことを意味するものではありません。盛岡藩の家老席日記である『雑書《ざっしょ》』に、一六六五（寛文五）年七月、田名部《たなぶ》の「夷《えぞ》」（アイヌ）三人が藩主に御目見《おめみえ》した旨《むね》が記されているので、下北半島にもアイヌ民族が居住していたことは間違いないのです。寛文・元禄期（一六六一～一七〇三年）になると、弘前藩の藩庁日記である『御国日記《おくににっき》』に津軽半島部のアイヌ民族の動向に関する詳細な記事が記されるようになるので、

弘前藩領のアイヌ民族の居住地（榎森作図）

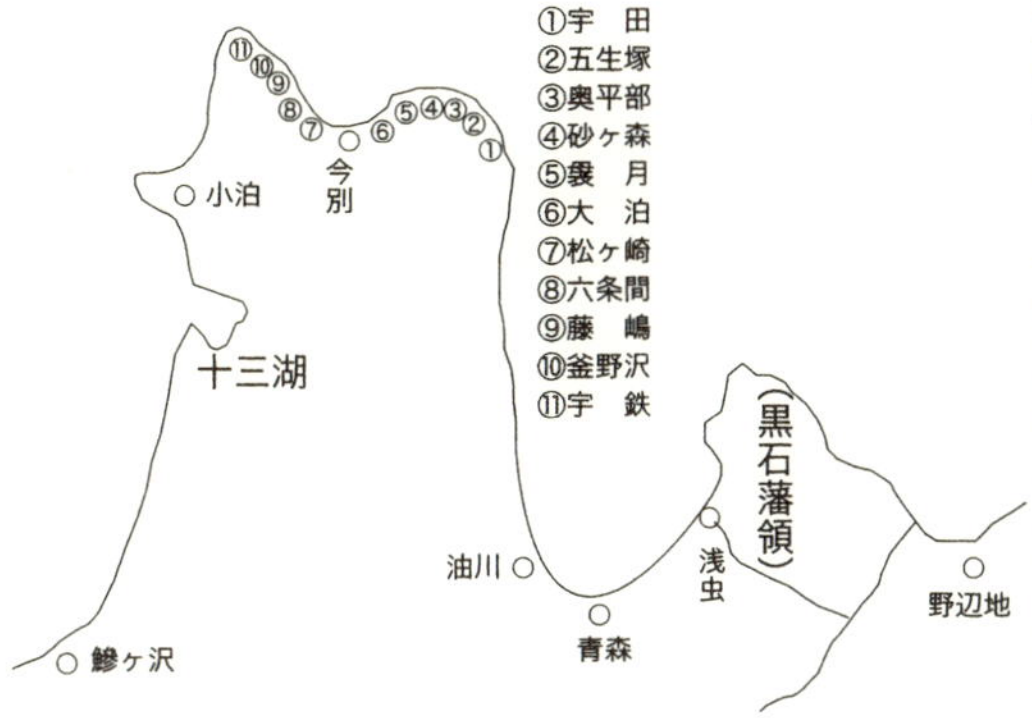

津軽領内アイヌの藩主お目見一覧（弘前藩「御国日記」より作成）

御目見年月日	御目見アイヌの名前等	御目見場所	備　考
寛文 2.2.17	外浜の狄		
2.3.2	狄共		熊の子を献上
3.11.16	アツマイン	御通におゐ間にて	
5.11.12	うたのクネキライン	御広間	進物献上
	御所塚のアツマイン	御広間	進物献上
9.8.14	クネキライン	玄関板之間	串貝 5 連献上米 3 俵下付
	アツマイン	玄関板之間	串貝 5 連献上米 3 俵下付
延宝 5.3.8	今別狭カフタイン	御書院御白砂	
	ルテルケ	御書院御白砂	串貝 5 連・飽 30・栄螺 40 献上米 2 俵宛下付
	ユキタイン	御書院御白砂	
	ヘキリハ	御書院御白砂	
6.8.23	カフタイン	御書院御白砂	
	ルテルケ	御書院御白砂	オットセイ 1・昆布 1 宛献上米 3 俵宛下付
	ユキタイン	御書院御白砂	
	ヘキリハ	御書院御白砂	
元禄 3.12.23	松ケ崎のニイヘテ		串飽献上米 5 俵下付
4.2.9	宇鉄のヘキリハ	御広間縁類東の末	オットセイ 1・串月 1 献上
6.3.9	宇鉄のヘキリハ	御広間縁通	貝の玉 6・わかめ 1・黒のり 1・こふのり 1・串貝 2 連献上米 3 俵下付
	松ケ崎のニイヘカ犬	御広間縁通	串月 5・黒苔 1・こふのり 1・和かめ 1 献上青銅 2 貫文
8.3.15	松ケ崎のニイヘテイ	鷲之間東すのこ縁	串貝 5・すかい 36・かいば 5・白干飽 5 串献上米 3 俵下付
8.3.15	松ケ崎のニイヘテイ		串海鼠 2 連献上銭 1 貫文下付那須与市に謁見
12.3.11	うたのクネキライヌ	鷲之間東の板縁	熊胆 1・熊皮 1
	かねか宇田のフクタイヌ	鷲之間東の板縁	熊皮 1・貝の玉 3
宝永 4.2.15	宇鉄のヘキリハ	鷲之間御庭橋掛前	串月 3 連献上青銅 1 貫 500 文下付
	藤島のルテリキ	鷲之間御庭橋掛前	塩引 3 献上青銅 1 貫 500 文下付
	松ケ崎のニエヘテ	鷲之間御庭橋掛前	串貝 3 連献上青銅 1 貫 500 文下付
正徳 2.8.24	宇鉄のヘキリハ	御舞台前御白砂	串貝 2・連・貝の玉 1・熊皮 1・石 1 献上米 3 俵下付
	藤島のルテリキ	御舞台前御白砂	串貝 2 連献上米 2 俵下付
	宇鉄のシカムケ	御舞台前御白砂	串貝 2 連献上米 2 俵下付

これらの記録によって近世に北奥地域にもアイヌ民族が居住していたことや、アイヌ民族と弘前藩や盛岡藩の関係をも具体的に把握することができるようになったのです。その正確な戸数・人口は分かりませんが、弘前藩領に津軽半島部のみで、寛文・宝暦年間（一六六一～一七六三年）には、四〇軒前後、二四〇人前後のアイヌ民族が居住していたものとされています。

Q2 領内のアイヌ民族と弘前・盛岡両藩の関係はどのようなものだったのですか。

A2 松前藩は、その財政的基盤が農業ではなく、アイヌ民族との交易《こうえき》の独占権にあったことから、同藩は、アイヌ民族を化外《かがい》の地としての「蝦夷《えぞ》地《ち》」に居住する異民族と位置づけていたのに対し、弘前・盛岡両藩は、共に彼らを「内なる異民族」と位置づけていたところに松前藩との大きな相違点があります。そのため弘前藩では、一六六五（寛文五）年以降、「狄米《えぞまい》」と称して藩主直轄地の百姓から一軒につき米一斗《いっと》一升《いっしょう》ずつを徴収《ちょうしゅう》し、これを領内のアイヌ民族への援助米にしていました。盛岡藩も下北半島部に居住する百姓から「蝦夷稗《えぞひえ》」と称して稗《ひえ》を徴収し、これを領内のアイヌ民族に与えていました。
また、弘前・盛岡両藩は共に領内に居住するアイヌ民族に対し、藩主への特産物の献上と御目見を強要しました。弘前藩の『御国日記』によると、領内のアイヌ民族の首長層が藩主に御目見した際の藩主へ献上した特産物の多くは串《くし》貝《がい》（くしあわび）・貝玉・アワビ・干アワビなどで、その際彼らは、アイヌ民族の伝統的な正装をし、藁筵《わらむしろ》に着座して御目見し、終わると、藩側は彼らに一人につき米二〜三俵ずつか銭一貫五〇〇文ずつを与えています（五〇頁の表参照）。

また、『雑書』によって盛岡藩の事例を見ると、一六六五（寛文五）年、下北半島部のアイヌ三名が盛岡城内で藩主に御目見した際、クマの皮一枚を献上し、藩主から「夷太刀《えぞたち》」（アイヌ用に特別に製した鈍刀の太刀）一腰ずつ、「あかね木綿」二反ずつが支給されるとともに、盛岡在中の費用と帰りの道中のための馬を与えられています。ところが、弘前藩は一八六〇（文化三）年に領内のアイヌ民族を和人と同じ取扱いをするという同化政策を実施し、盛岡藩もまた、一八〇八（文化五）年以降、同化政策を実施しました。

弘前・盛岡両藩がこの時期に共に領内のアイヌ民族に対する同化政策を実施した最大の理由は、この時期の対ロ関係の緊張・悪化という北方世界における国際関係の変化にありました。

7 奥羽諸藩と北方世界

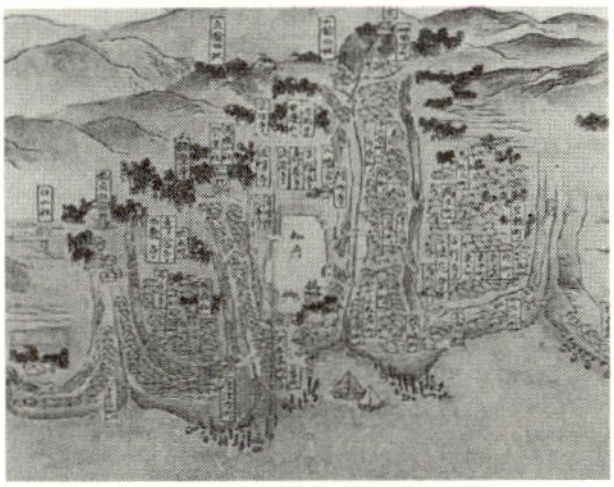

文化期の松前城下
(『蝦夷島奇観』東京国立博物館所蔵)

東北の歴史は、古代・中世以来、「ヒト」・「モノ」の移動や「情報」との関わりで、津軽海峡以北の世界と密接に結びついていました。とくに近世になると、こうした関係は従来以上に強くなってきました。そこで本章では、近世における奥羽民衆の松前・蝦夷地《えぞち》への出稼《かせ》ぎ、羽州幕領米の松前藩への供給、奥羽諸藩の蝦夷地警備、幕末の三閉伊一揆《さんへいいっき》の指導者・三浦命助《みうらめいすけ》の「松前=極楽」観などの問題を素材に、奥羽諸藩と北方世界の関係のあり方について考えてみたいと思います。

Q1 近世に奥羽の人々が現在の北海道に出稼ぎをしていたのは本当ですか。

A1 本当です。先に見たように、一五世紀にはすでに奥羽地方の人々が当時の蝦夷島《えぞがしま》の南部地域に移住していました。また、松前藩成立直後の元和《げんな》年間(一六一五~二三年)には、松前藩が砂金採集《さきんさいしゅう》場の開発に大きな力を注《そそ》ぎましたので、この期には多くの奥羽地方の人々が金掘《かねほり》として蝦夷島に渡っています。秋田県の象潟《きさかた》町に蚶満寺《かんまんじ》という有名な寺があります。この寺の過去帳に戒名《かいみょう》の上に赤字で「狄国ニテ狄打殺」と記されている人が複数いますが、この人々は、一六六九（寛文九）年のシャクシャインの戦い*の際にアイヌ民族の襲撃にあって死亡した人たちです。これによっても、一七世紀半ば頃にすでに多くの奥羽の民衆が蝦夷地に出稼ぎをしていたことを知ることができます。

その後、享保・元文期（一七一六〜四〇年）を画期に、松前藩の場所請負制**が成立・発展し、「蝦夷地」各場所でのニシン漁をはじめとする漁業生産が盛んになると、松前・蝦夷地へ出稼ぎに行く奥羽民衆は次第に増加し、とくに大飢饉《ききん》のあった天明期（一七八一〜八八年）には生活の糧《かて》を求めて松前・蝦夷地に向かう人々が急増しました。こうした松前・蝦夷地に出稼ぎに行くことを奥羽地方では「松前稼ぎ」と呼びましたが、その後も奥羽民衆の「松前稼ぎ」は増加の一途をたどり、幕末には「蝦夷地」各場所の漁夫などの主要な労働力になっていったのです。しかも注目しておきたいことは、蝦夷地各場所での労働は、彼らに現金収入をもたらしたことです。幕末におけるネモロ（根室）場所の例を示すと、「番人」***と「稼方《かせぎかた》」****の給料を見ると、「番人」は金七〜一二五両、「稼方」は金五両二分〜一二両でした。金一両＝米一石で換算すると、「番人」の場合は一年間の給料が米七〜一二五石になったわけです。

また、彼らの中には松前藩の領民となっただけでなく、松前藩の足軽《あしがる》・徒士《かち》、さらには役付家臣にまでなった人々もいたのです。こうした事実は、東北地方

＊東蝦夷地のアイヌ民族の首長シャクシャインに率いられた近世最大のアイヌ民族の蜂起。

＊＊松前藩の上級家臣とアイヌ民族との交易の場である「商場」の経営を商人が運上金を上納して請け負う制度。のちに松前藩が商場知行を廃止し、蝦夷地の各場所を直轄すると、その場所の経営を商人が請け負うものへと変化し、この形態は幕末まで続いた。

＊＊＊場所内の各番屋、各分担魚場を管理する者や船頭等で漁業労働者の中では身分的に上位クラスに属する者。

＊＊＊＊いわゆる漁夫で多様な雑用に従事する下層労働者。

の歴史が、北海道の歴史といかに密接に結びついていたのかを示しています。

Q2 幕府が羽州《うしゅう》幕領米《ばくりょうまい》を恒常的に松前藩に供給していたのはなぜですか。

A2 幕府が松前藩に米を援助したという事実は、一般的にはほとんど知られていません。しかし、近世の東北の歴史を知るうえで、このことは非常に重要な問題を含んでいるのです。松前藩はもともと米のとれない藩でしたので、同藩は成立当初から米をはじめとする生活必需《ひつじゅ》物資のすべてを本州から移入しなければなりませんでした。松前藩が初めて羽州幕領米の払い下げを受けたのは一六六七（寛文七）年です。この年は松前へ入港する船が極端に少なかったために松前藩の移入米が不足し、領民が飢饉《ききん》にあったことによります。しかも一六六九年にはシャクシャインの戦いに遭遇したこともあって、一六六七年から一六七〇（寛文一〇）年までの四年間に毎年三〇〇〇石ずつ庄内藩の預かり所となっていた大山の幕領米を酒田《さかた》港で払い下げてもらったのです。この払い米は、当時松前藩領に流入した米の一〇・九％、領主蔵米の六〇％を占めておりました。

その後松前藩は、青森・鰺《あじ》ヶ沢・秋田（土崎）・酒田・新潟などの港で米を

酒田湊古絵図（宝永・正徳期、本間美術館提供）

調達していましたが、一六九五（元禄八）年、奥羽地方が大凶作による飢饉《ききん》にみまわれたのを契機に、翌九六（元禄九）年以降、酒田港で毎年一四四〇石ずつ羽州幕領米の払い下げを受け、一七一五（宝永五）年以降は、毎年二一六〇石ずつ払い下げを受けました。その後松前氏は、一八〇七（文化四）〜二一（文政四）年に現在の福島県伊達市梁川《やながわ》へ国替《くにがえ》されたので、この間は幕領の払い下げ米を受けていませんが、一八二一（文政四）年の蝦夷島への復領以降も一八五四（安政元）年まで、毎年二一六〇石の羽州幕領米の払い下げを受けていたのです。松前藩では、この米を「羽州御払米《うしゅうおはらいまい》」・「御請米《おうけまい》」などと称していました。一八四三（天保一四）年頃でも松前藩の領主蔵米に占める「羽州御払米」の割合は五四〜七二%を占めていたのです。

ではなぜ、幕府は松前藩にこうした援助をしたのでしょうか。松前藩は、長崎口《ぐち》—オランダ商船・中国商船、対馬口—朝鮮、薩摩口—琉球《りゅうきゅう》、松前口—蝦夷地（アイヌ民族）という「四つの窓口」を軸にした幕藩制国家の対外関係の重要な窓口であり、松前藩は幕藩制国家のアイヌ民族支配にとってきわめて重要な役割を果たしていたからです。また幕府が羽州の幕領米を払い下げたのは、幕府直轄領のうちで羽州（具体的には山形県村山地方を中心とした地域）の幕府直轄領が松前藩に一番近い地域であったことによるものでした。

山形県の村山盆地をうねる最上川。この地域にあった幕府直轄地の年貢米の一部が川船で酒田湊に運ばれ、酒田湊から松前に廻漕された（『最上川—歴史と文化』郁文堂書店刊より）

Q3 奥羽諸藩はなぜ蝦夷地警備《えぞちけいび》をさせられたのですか。

A3 幕府が奥羽諸藩に対し「松前・蝦夷地」への出兵・警備を命じた問題は、次の六つの時期に分けてみると理解しやすいです。

第一は、一六六九（寛文九）年、シャクシャインの戦いが起きた際、弘前藩に出兵を命じるとともに盛岡藩・秋田藩にも松前氏の要請があり次第、出兵するよう命じたこと。

第二は、一七八九（寛政元）年、クナシリ・メナシの戦いが起きた際、弘前・盛岡・八戸の三藩に対し、松前氏の要請があり次第、軍勢を出すことを命じたこと。

第三は、一七九二（寛政四）年、ロシアの遣日《けんにち》使節ラクスマンが日本に通商を求めてネモロ（根室）に来航した際、幕府は松前藩を介してラクスマン一行に松前藩の城下町・松前に行くように命じ、翌年幕府が彼らとの応接のために松前に幕吏《ばくり》を派遣したが、その際弘前・盛岡両藩に松前の警備を命じたこと。

第四は、一七九九（寛政一一）年、幕府が東蝦夷地の仮上知《かりあげち》*に踏み切った際、弘前・盛岡両藩に東蝦夷地の警備を命じ、以後両藩は、幕府の第一次蝦夷地直轄にともなう蝦夷地警備において重要な役割を果たしたこと。

＊仮に幕府の直轄地とすること。

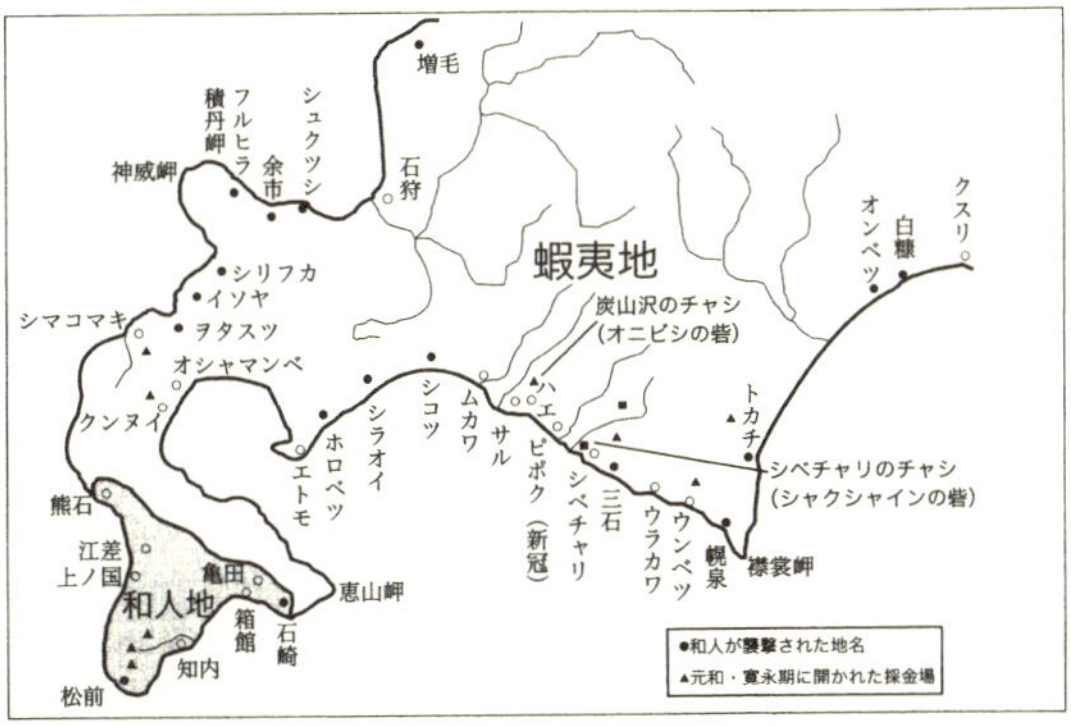

シャクシャインの戦い関係地図（榎森作図）

第五は、一八〇四（文化元）年、ロシアの遣日使節レザノフが日本に通商を求めて長崎に来航したが幕府に拒否され、レザノフは何一つ成果を得ることなく退去したために、一八〇六（文化三）年、彼の影響力の強いフヴォストフらがサハリン南部のクシュンコタンを襲撃し、翌年にはエトロフ島のシャナを襲撃したため、幕府は同年、弘前・盛岡両藩に増兵を促すとともに、秋田藩・庄内藩・仙台藩・会津藩にも蝦夷地出兵を命じたこと。

第六は、一八五五（安政二）年、幕府の蝦夷地再直轄にともない弘前・盛岡・秋田・仙台の四藩に松前・蝦夷地警備を命じ、次いで一八五九（安政六）年には、弘前・盛岡・秋田・庄内・仙台・会津の六藩に蝦夷地を分与し、その警備と経営に当たらせるに至ったことなどです。

右の動向で特徴的なことは、弘前・盛岡両藩が各期共に一貫して「松前・蝦夷地」出兵・警備を命じられていることです。これは弘前藩が近世初頭以来、幕府から「北狄の押さえ」という位置づけをされ、盛岡藩もまた同じような位置づけをされていたことによります。両藩以外の奥羽諸藩は、文化・安政期のロシアとの関係が緊張した時にのみ「蝦夷地」警備を命じられたところに特徴があります。これは、幕府のみで広大な「蝦夷地」警備を行うことは困難であったために、その肩代わりとして寒冷な気候に馴れている奥羽の諸藩に当該地域の警備を命じたものでした。そのため蝦夷地警備を命じられた奥羽の諸藩

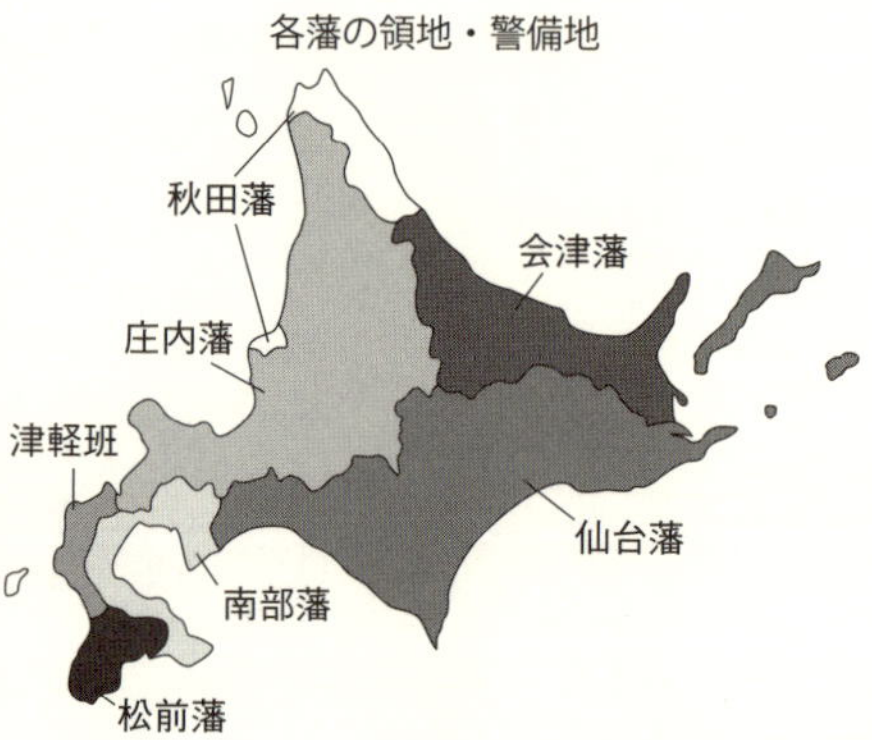

一八六〇（万延元）年、奥羽諸藩の蝦夷地警備地と支配地（『北海道史・附録地図』より作図）

にとって、こうした任務は大きな負担となりました。

Q4 三閉伊一揆《さんへいいいっき》の指導者・三浦命助《みうらめいすけ》はなぜ「松前は極楽」と言ったのですか。

A4 盛岡藩領の太平洋沿岸一帯を三閉伊《さんへい》通と呼び、この地域は農業の生産力は低かったのですが、近世後期には商工漁業が盛んになりました。財政窮乏《きゅうぼう》の盛岡藩は、役人を増やして専売制を強化し、臨時の御用金まで課しました。一八四七（弘化四）年冬、これに抗して農漁民一万数千人が弥五兵衛を頭として藩の重臣南部弥六郎の城下遠野《とおの》へ強訴《ごうそ》*し要求を認めさせましたが、藩によって裏切られ、牢死《ろうし》・流刑者《るけいしゃ》を出すに至りました。そのため、六年後の一八五三（嘉永六）年夏、一万余人の農漁民が三浦命助らを指導者として再び一揆を起こし、仙台藩領へ逃散《ちょうさん》**して、藩主の交替を含む諸要求を仙台藩主に越訴《おっそ》***したのです。以後約半年間、盛岡・仙台両藩と百姓総代との間で交渉が行われた結果、藩主の交替は実現できなかったものの、新税・流通統制や藩役人数の削減などの要求がほとんど通り、参加者を処罰させない証文をも取るなど、一揆の勝利に終わりました。

この二つの一揆が有名な「三閉伊一揆」です。三浦命助は、一揆が終わった

*人々が領主に対し、徒党を組んで強硬に訴えること。

**農民が領主の苛酷な支配に対する反抗手段として他領へ逃亡すること。

***所定の手続きを経ないで訴え出ること。

後、村の老名役《おとな》に就《つ》きましたが、村内の紛争をきっかけに捕らえられました。しかし、その後逃亡し、やがて上京して二条家の家来になり、二条家の使者の旅装で盛岡藩領に入ろうとした際、同藩の役人に見破られて入牢の身となりました。彼の「獄中記」中の家族に宛てた文に「松前は極楽」故《ゆえ》、今後は松前(北海道)に行って暮らすようにという趣旨のことが記されているのです。

先に見たように、幕末には幕府が再度蝦夷地を直轄《ちょっかつ》したことを考慮すると、命助がこうした考えに到達するに至った背景として、「公儀ノ御地」=「極楽」という思考に加え、彼は商業に従事していたこともあって、盛岡藩の多くの人々が「松前稼ぎ」によって年間五~二五両の現金収入を得ているという情報を的確に把握していたことなどがあったことは間違いないでしょう。

8 奥羽地方の産業・商業

本章で記した奥羽地方の産業・商業で、鉱業としての鉱山を除けば、すべて従来は産業の項目で扱われなかったものばかりです。また、飢饉《ききん》は産業ではありませんが、敢《あ》えてここで取り上げたのは、飢饉は石高《こくだか》制に規定された幕藩制社会を構成している各藩の農業政策や年貢の徴収と密接に関わっておきた現象と解されるからです。商業で近江《おうみ》商人の問題を取り上げたのは、近世初頭における各大名の城下町建設で彼らが果たした役割が大きかったことによります。

紅花屏風。山形県の村山地方は紅花の特産地だった
（山寺芭蕉記念館提供）

Q1 奥羽地方に多かった鉱山はどんな役割を果たしたのですか。

A1 近世の奥羽地方は、山林資源と鉱山資源に恵まれた天然資源の宝庫でした。金・銀・銅は幕府鋳造《ちゅうぞう》の貨幣の原料であり、長崎貿易の重要な輸出品であったため、これらの鉱山は、原則としてすべて幕府が直轄《ちょっかつ》し、諸大名は産出金銀を将軍に献上したうえで、将軍から与えられるという形がとられました。近世初期における奥羽地方の有名な金・銀山は、盛岡藩領の鹿角《かづの》（現秋田県鹿角市）の白根や尾去沢《おさりざわ》、紫波《しわ》郡の佐比内《さひない》、仙台藩領の気仙沼《けせんぬま》や東山、秋田藩領の院内《いんない》・阿仁《あに》などでした。近世初期の奥羽地方は未《いま》だ米の生産力が低かったために、奥羽の諸大名は、金・銀鉱山の開発に大きな力を注《そそ》いだ結果、わずか数年から一〇数年で資源の枯渇《こかつ》を招き、金・銀山は衰退するに至ったのです。そのため、奥羽の諸藩は、財政を確立するために新たに新田開発に力を注いでいきました。こうしたこともあって、奥羽諸藩は、早期に「米」に立脚した幕藩制社会を構成する一地域へと変容していったのです。

とは言うものの、銀や銅は依然として幕府鋳造の貨幣の原料であると同時に長崎貿易の重要な輸出品でしたから、奥羽諸藩は金・銀の採掘《さいくつ》から次第に銅の採掘へと鉱山経営のあり方を変えていったのです。とくに秋田の産銅は輸出銅の主要部分を占めていたので、阿仁鉱山や尾去沢鉱山は銅山として繁栄し、そこには大きな鉱山町が形成されることになりました。鉱山町には多くの労働者がいるため、米の消費市場としても大きな役割を果たすことになったのです。

また、盛岡藩領の北上山地では、すでに一七世紀に砂鉄を利用した製鉄が行われ、その後次第に発展し、近世後期には、代表的な銭貨である「寛永通宝《かんえいつうほう》」をはじめ、尾去沢や阿仁の鉱山で使用される鉄製工具や奥羽・関東の農民が使った鍬《すき》も、その多くは北上山地で生産された鉄を原料とするまでになりました。こうして「南部鉄」が発展していったのです。

秋田銅の長崎廻銅高

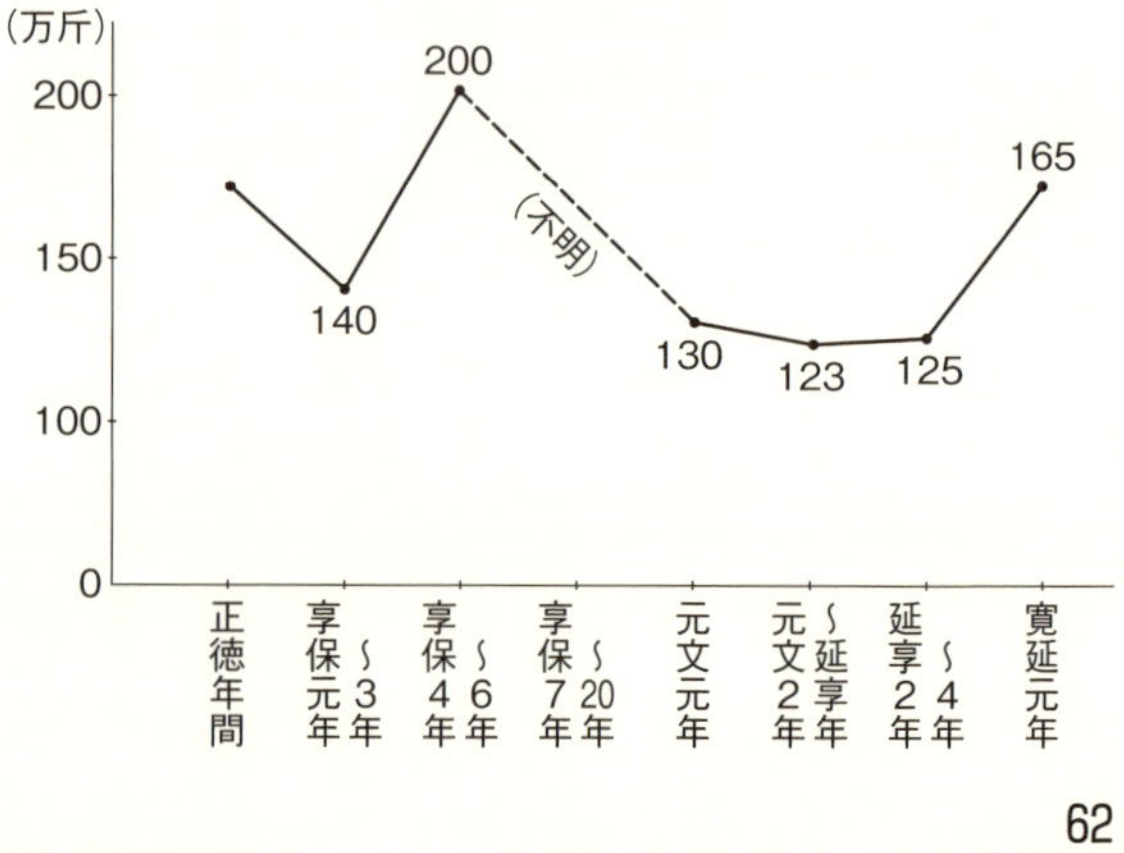

（『図説・秋田県の歴史』河出書房新社刊より作図）

Q2 奥羽《おうう》地方に進出した近江《おうみ》商人は、どのような商売をしていたのですか。

A2 近江商人とは近江国（現滋賀県）出身の商人のことです。近江商人は、近江国全域から出ましたが、なかでも多かった地域は、琵琶《びわ》湖東部の蒲《がも》生《う》郡・神崎《かんざき》郡・愛知《えち》郡の「湖東《ことう》三郡」でしたが、とくに多くの近江商人を輩出したのが蒲生郡の八幡町と日野付近、神崎郡の五個荘《ごかしょう》村一帯と愛知郡の愛知川町周辺の地域でした。近江商人は近世には北は蝦夷島《えぞがしま》の松前・江差《えさし》から南は鹿児島に至る地域に進出しましたが、奥羽地方では、弘前藩領の弘前・鰺《あじ》ヶ沢、盛岡藩領の盛岡、出羽国《でわのくに》の酒田《さかた》・山形・天童、仙台藩領の仙台・石巻《いしのまき》、会津若松・福島・中村・白河などに進出しました。彼らが奥羽地方に進出した政治的要因として、日野城主蒲生氏の会津転身、近江国内における仙台藩領一万石の存在、出羽の名族最上氏の近江国蒲生郡を中心にした地域への入部などをあげることができます。また、奥羽地方に進出した近江商人は上方から木綿《もめん》・古着・蚊帳《かや》などをこの地に運び、奥羽地方産の紅花《べにばな》・紫根《しこん》・麻苧《あさお》・生糸《きいと》などを持ち帰ることによって大きな利益を得たのです。

八幡の商人は主として蚊帳・麻布《まふ》・呉服《ごふく》類を営業し、日野の商人は多く酒造業や質屋を営みましたが、八幡出身の商人は村山地方で買い取った青苧《あおそ》、次い

近江商人の出身地図　　●印の大小は出身者数とほぼ比例する

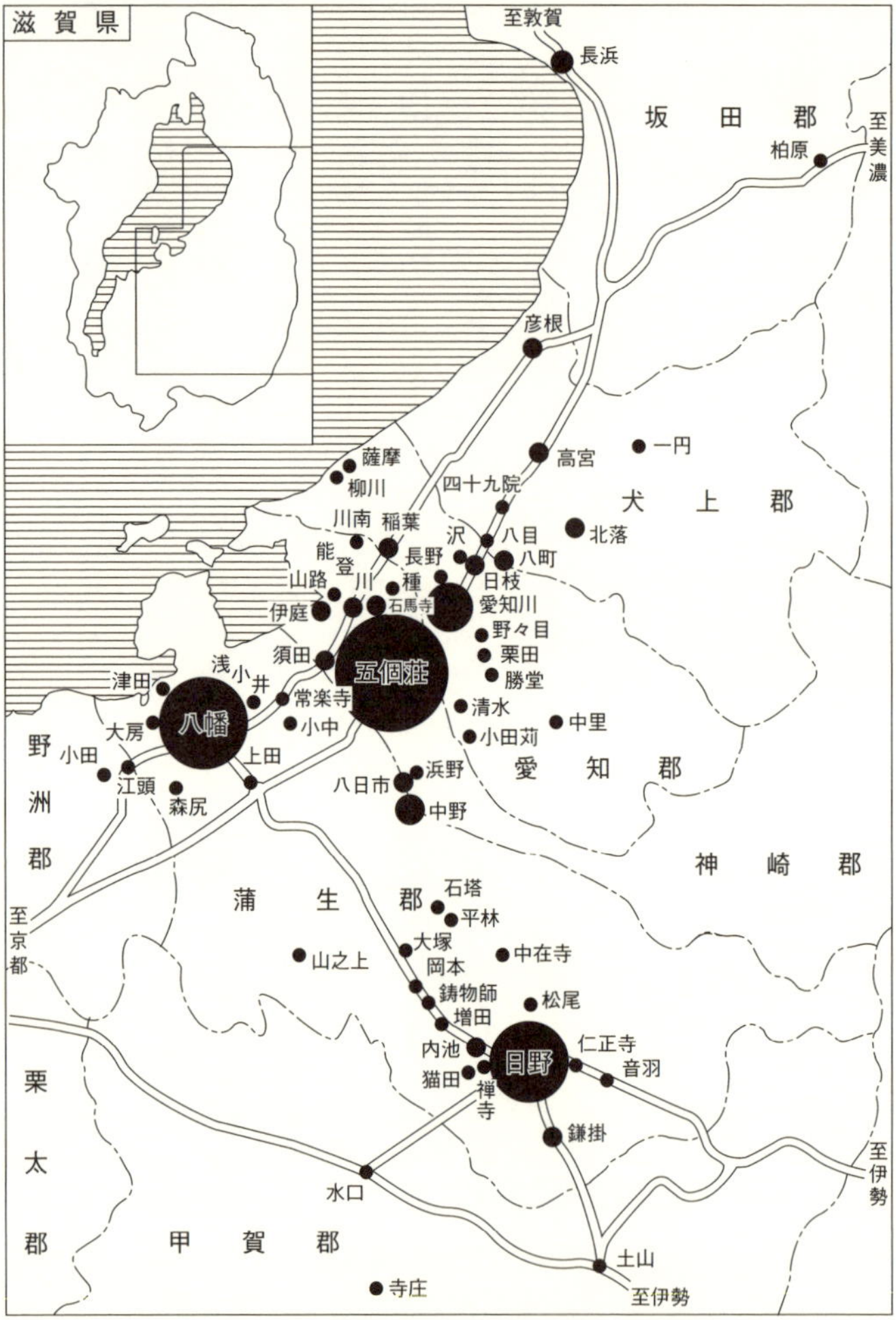

（『江州商人』至文堂刊より作図）

で紅花などの商品を最上川の舟を利用して酒田に回送し、酒田から日本海海運で越前の敦賀《つるが》に送り、敦賀から琵琶湖《びわこ》経由で上方に送り、青苧は蚊帳の原料として、紅花は京都西陣織の染料として販売しました。

仙台に進出した日野出身の中井家は、元は漆器《しっき》類・薬種《やくしゅ》・太物《ふともの》（綿織物、麻織物の総称）などの行商をしていた商人ですが、仙台に開店してからは、木綿類や古着、とくに古着の販売に力を入れました。古着に対する需要が多かったからです。その後中井家は次第に蓄財をなし、近世後期には仙台の豪商になりました。また、盛岡に進出した近江商人は、湖西《こさい》の高島郡大溝《おおみぞ》出身の村井家で、同家の商売は酒造業でした。もともと行商形態の商人である近江商人が畑違いの酒造業へ踏み切った理由は、貸借関係の不決済によるもので、他は質物として取った米の処理のためであったと言われています。

Q3 東北の歴史を記述した本の産業のところに狩猟のことが書いてないのはなぜですか。

A3 これは、従来歴史研究者の多くが「狩猟」を原始的な生業《なりわい》とみなしてきたことによります。しかし、東北地方では、近世でも狩猟が盛んに行われていました。

盛岡藩の例をあげると、近世前期における同藩の狩猟の対象は、鳥類・陸《りく》獣《じゅう》類・海獣《かいじゅう》類の三種でしたが、これら鳥獣類を対象とした狩猟を形態・性格別に見ると、①領主権力による狩猟、②家中・村・猟師・百姓・町人などが藩庁に一定の金または獲物を上納して狩猟を請け負う形態、③領民が主体的に狩猟に従事し、その主要な獲物を藩庁に献上・進上する形態（熊の皮や胆《きも》の藩庁への進上やオットセイやトドなどの海獣類の藩庁への進上が代表的なもの。この場合は、藩庁側が一定価格で買い取りました）の三種に区分することができますが、なかでも重要な位置を占めていたのが鹿猟でした。

盛岡藩の鹿猟には、藩主の命による鹿の巻狩《まきがり》、藩主個人の鹿猟、領内の各地へ派遣した「鹿討」家臣による鹿猟の三種がありました。盛岡藩で鹿猟を重視していたのは、鹿皮の販売権を藩主が独占し、各地で捕れた鹿の皮を江戸や仙台に移出していたからです。ではなぜ盛岡藩では鹿皮の販売権を藩主が独占していたのでしょうか。それは、近世初期から一八世紀にかけた時期の日本が東南アジア諸国から年間三〇万枚以上の鹿皮を輸入していたことからも分かるように、この時期の日本社会では鹿皮に対する需要がきわめて高かったからです。

また、盛岡藩領だけでなく、弘前藩領・秋田藩領でも多くの百姓身分の猟師たちが、鹿・カモシカ・熊などを対象にした狩猟に従事していたことが明らかにされています。ですから、こうした側面にも目を向けると、近世における狩猟は、漁業・林業・鉱業と同じく重要な産業だったのです。東北の歴史だけでなく日本の歴史を記述した本に近世の狩猟に関する記述がないのは、狩猟が産業でなかったからではなく、歴史研究者がその実態を知らなかったところに大きな原因があるのです。今後狩猟に関する歴史学からの研究が進展すれば、狩猟の持つ重要な意味を多面的角度から明らかにされることでしょう。

Q4 奥羽地方が頻繁《ひんぱん》に飢饉《ききん》に襲われたのはなぜですか。

A4 近世の日本社会は、何度も大きな飢饉に襲われました。寛永の飢饉、元禄の飢饉、享保の飢饉、宝暦の飢饉、天明の飢饉、天保の飢饉などがその代表的なものです。そのたびごとに奥羽地方の民衆は大きな被害を受けましたが、なかでも奥羽の民衆が多くの命を奪われたのが宝暦の飢饉、天明の飢饉、天保の飢饉の三大飢饉、元禄の飢饉を加えると四大飢饉でした。例えば、天明の飢饉で餓死した民衆は、天明三（一七八三）年、弘前藩が一〇万人以上、盛岡藩が九万人以上、仙台藩が二〇万人に達したのです。

飢饉の直接的な契機は農業の凶作にありました。そのため、従来はこうした飢饉の主因を、凶作に加え奥羽地方は寒冷地であるため農業の生産力が低かっ

東北各藩の天明の飢饉死亡者数

藩名	期間など	餓死者数など		出　典
弘前藩	天明3年9月～ 天明4年6月	8万1702人 (4496人) (4503人) (3026人) (6万9677人)	飢渇死亡 弘前城下 九浦 施行小屋 在々	「弘前藩御国日記」
	天明3年春～ 天明4年2月	6万4000人	餓死	「津軽歴代記類」 (佐藤家記)
	天明3年10月～ 天明4年8月	10万2000人 3万人 8万人	餓死 時疫 他国行	「天明癸卯年所々騒動留書」
八戸藩	天明4年5月宗門改	3万 105人	餓死・病死	「天明日記」
	天明4年2月晦日	9374人 2万8224人	死絶・立去 助米必要人数	「御勘定所日記」
盛岡藩	代官所調査	4万 850人 2万3848人 3330人	餓死 病死 他領立去	『南部史要』
	過去帳推計（岩手県）	9万2100人	飢饉死者	『寺院の過去帳からみた岩手県の飢饉』
仙台藩		14～15万人 30万人	餓死 餓死・疫疾死	「天明飢饉録」
	過去帳推計（宮城県）	20万人	飢饉死者	『宮城県史』22
中村藩	天明3年初秋～ 天明4年3月15日	4416人 1843人	在々死人 離散	「天明救荒録」
	天明4年7月まで合計	1万8000人	死亡離散	

(『日本歴史叢書・近世の飢饉』吉川弘文館刊より作表)

たこと、それにもかかわらず領主権力が農民に対して過酷《かこく》な収奪《しゅうだつ》を強行したこと、各大名が飢饉を緩和《かんわ》するために相互の援助策を全く実施しなかったことなどの諸点に求める見解が多かったのです。しかし凶作や奥羽地方の農業生産力の低さなどにその主要な原因があったのであれば、米が全くとれなかった松前藩の領民が奥羽諸藩の領民のような悲惨な状態には遭遇しなかったのみならず、奥羽の民衆が松前藩・蝦夷地に「松前稼ぎ」に行って命拾いをしている事実をどう説明すればよいのでしょうか。こうした事実に目を向ければ、その根本原因は、右の問題とは別なところにあったものと言わざるをえません。では、その根本原因はどこにあったのでしょうか。それは幕藩制社会という社会のあり方それ自体にあったのです。

幕藩制社会は農業、とくに稲作を基盤とした石高《こくだか》制の社会でした。ですからどの藩でも農民から収奪した年貢米を中央市場（京都・大坂・江戸の三都）に回送して金に換え、その金で必要物資を調達する必要がありました。奥羽の諸藩も例外ではありませんでした。ところが、奥羽諸藩は、近世初期から藩領内の実質的な石高を増やすために、新田開発に力を注《そそ》ぎましたが、それによって得られた年貢米の多くを中央市場に回送したのです。しかも凶作の時にも年貢米を藩内の農民に支給しなかったばかりか、真っ先に中央市場に回送しました。凶作の時には米価が高騰するため、高価な値段で売ることができるからです。

こうした領主権力の対応のあり方が凶作を契機とした大飢饉を招くことになったのです。ですから、奥羽地方の三大〜四大飢饉は、「天災」ではなく、まさに人災だったと言えるでしょう。

9 民衆の生活・風俗

縞入りアットゥシ黒裂切伏縫取衣
（『京都書院美術双書：日本の染織16・アイヌの衣裳』京都書院刊より）

本章では、従来の東北史でほとんど取り上げられることがなかった「被差別部落の人々」の問題をはじめ、東北地方人の食文化としての「サケ」の問題と、北奥民衆の衣服文化であるアットゥシ織りの衣服の問題を取り上げることによって、近世奥羽民衆の生活・風俗の特徴の一端を考えてみることにしました。

Q1 東北地方にも被差別部落の人々はいたのですか。

A1 東北地方の被差別部落に関する研究が遅れていることから、東北の歴史を記した自治体史をはじめとする各種歴史書では、この問題をほとんど記していないことに加え、現在の東北地方では、近畿以西の西日本や関東・中部地方におけるような「部落差別問題」がほとんど存在しなくなったことなどもあって、東北地方には被差別部落が存在していなかったと理解している人が多いようですが、東北地方にも被差別部落の人々は存在していたのです。

別表は、明治初年の東北地方における被差別部落の人々の「藩・県別人口」

を示したものです。出典の「明治初期各府藩県人員表」は、明治初年における全国の人口を「府藩県」ごとに華族《かぞく》・士族《しぞく》・卒《そつ》・神職《しんしょく》・僧尼《そうに》・平民《へいみん》・穢多《えた》・非人《ひにん》の身分別人口と「死刑」囚の人員を記したものですが、別表は、そのうちの「穢多」と称された人々の人口のみを、東北地方の「藩・県」別・現在の県別に整理したものです。同表によると、明治初年に東北地方に居住していた被差別部落の人々は、「穢多《えた》」と称された人々のみでも計四六六二人を数えています。これを上位五位までの「藩・県」で見ると、若松・米沢・湯長谷《ゆながや》・弘前・仙台の順になり、現在の県別では、福島県・山形県・青森県・宮城県・岩手県・秋田県の順になります。

　ところで、この史料は「穢多」と記していますが、秋田藩・庄内藩では、俗に「ラク」とも称していました。しかし、「穢多・非人」を中核とする賤民《せんみん》制が近世中期以降に確立すると、「穢多」

明治初年の東北地方における被差別部落の人々の藩・県別人口（「非人」を除く）

現在の県	藩・県	人口（人）
青森県	弘前	488
	黒石	39
	七戸	13
	八戸	54
計	4	594
岩手県	盛岡	189
	胆沢	62
	一関	31
計	3	282
秋田県	秋田	94
	亀田	45
	本庄	89
	矢島	14
計	4	242
山形県	松嶺（松山）	17
	大泉（庄内）	145
	新庄	14
	天童	16
	山形	62
	上山	151
	米沢	557
計	7	962
宮城県	登米	125
	仙台	396
	角田	68
計	3	589
福島県	若松	788
	亀島（田島カ）	75
	二本松	45
	三春	33
	白河	209
	棚倉	107
	中村	56
	磐城平	73
	泉	98
	湯長谷	509
計	10	1,993
東北６県合計	31	4,662
北海道	館（松前）	7
	箱館・開拓使	0
計		7
全国合計	282	443,093

「明治初期各府藩県人員表」（『日本庶民生活史料集成』第25巻、三一書房より作表）

という呼称が定着していったようです。また近世には、彼らのうち陸奥国《むつのくに》（青森・岩手・宮城・福島の四県）に居住していた人々は、江戸の穢多頭《えたがしら》弾左衛門の支配下にありました。また、彼らの多くは、城下町をはじめとする町に居住し、しかも町の端に居住させられました。天明六（一七八六）年～寛政元（一七八九）年頃の仙台藩の「仙台城下絵図」に城下東南端の河原町の一画に「穢多」と記されていることは、このことを端的に示しています。

また一般に幕藩権力は穢多に刑を執行させたり、動物の皮を納めさせたり、掃除の仕事を課したり、死んだ牛や馬の処理を行わせたとされていますが、東北地方の場合、彼らの主要な生業《なりわい》は皮革業でしたが、各藩・地域ごとの個別実証的研究が進展していないために、くわしい実態はまだ分かっておりません。

また、近代以降、彼らがどのような運命をたどったのか、これまたくわしくは分かりませんが、大正一〇（一九二一）年の内務省編「部落に関する諸統計」によると、「部落」が存在する県は、福島県（六カ所、一八四戸、一二四〇人）・山形県（四カ所、二〇八戸、一〇〇〇人）・青森県（一カ所、三七戸、一八六人）の三県のみで、秋田県・岩手県・宮城県の三県には「部落」は存在しなくなっていました。

「古川古松軒『東遊雑記』（東洋文庫『東遊雑記』平凡社）に見える穢多に関する記述。」、この『東遊雑記』は、古松軒が一七八八（天明八）年、幕府巡見使に随行して奥羽地方から松前藩領まで視察に行った時の紀行文。

①、出羽国本荘藩の城下町・本荘に関する記述の内。
「本荘などの穢多町、なかなか綺麗の家造りにて、店には革細工いろいろ飾りてあり、貧なる体には見えず」。

②、弘前藩の城下町・弘前に関する記述の内。
「北に出ずる町端に穢多町二町ほどあり。みなみな御巡見使拝見に出でしを見れば、亭主と見えしは袴を着ておるなり。これまで見し人足などよりも穢多の方よく見えしなり。所に風とはいいながら他国になき体なり。この日は店などもきれいにかざり、皮細工の数品並べありしなり」。

Q2 年末にデパート等で「新巻《あらまき》ザケ」が売られますが、それはなぜですか。

A2 これは、東北地方の人々の食文化のあり方と深く関わっている現象です。「新巻」は「荒新」とも書きますが、「新巻ザケ」はお歳暮《せいぼ》として贈答品《ぞうとうひん》によく用いられるため、尾頭《おかしら》づきの一尾単位で箱に入れて販売されています。新巻ザケが年末の贈り物として喜ばれるのは、どの家庭でも年取り魚（大晦日の年越しの膳に白飯とともにつける魚）を年越しの料理として食べるからですが、年取りの魚は、東日本と西日本では異なり、東日本ではサケ、西日本ではブリで、その境界線が地質的に日本列島を東西に分断する糸魚川《いといがわ》・静岡構造線にほぼ一致していると言われています。

ところで、サケは北の魚ですが、日本におけるサケの南限は、日本海側では山口県の栗野《くりの》川、太平洋側では利根《とね》川とされていますので、こうした地域や隣接地域に住む人々は古代以来、サケを食べていましたが、なんといってもその消費量が多いのは、北海道と東北地方です。しかもサケは、秋になると必ず生まれた川に戻ってきますので、サケは、東北地方の人々にとって動物性たんぱく質を安定的に供給してくれる大切な食料品でした。

前近代における東北地方のサケの総漁獲高や消費量を知る史料がないので、

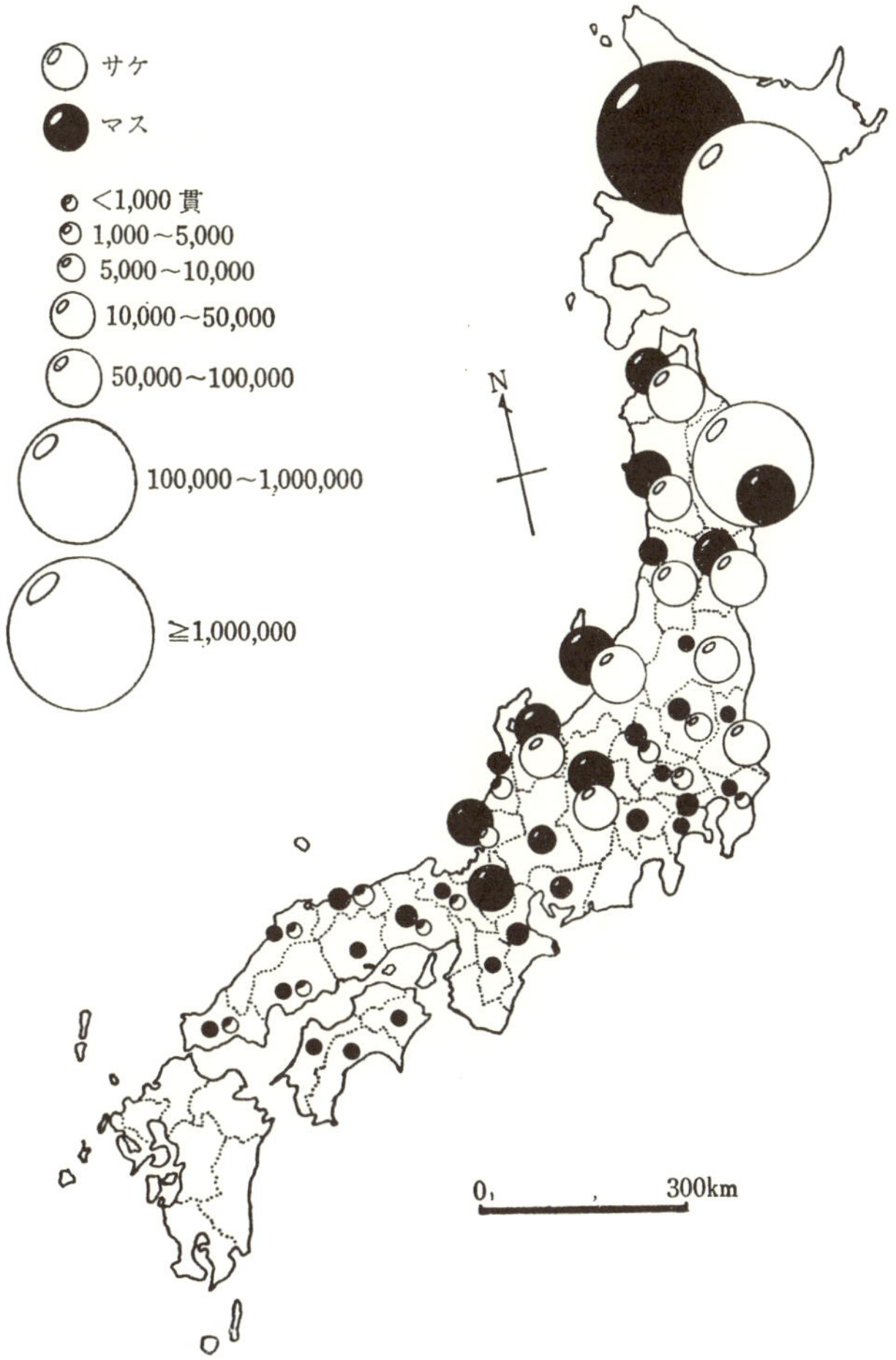

昭和初期における道府県別サケ・マス漁獲量

(昭和８年、農林省水産統計により作成。市川健夫『日本のサケ―その文化誌と漁』日本放送出版協会より転載)。

シロザケは日本海沿岸では山口県、また太平洋岸では利根川水系の千葉県まで漁獲されていた。広島県でとれているのは、江川など日本海から遡上したサケがあったことを示している。また、サクラマスはサケより、広く四国まで漁獲されている。

これらの数字を把握することができませんが、明治一一（一八七八）年の統計によって、青森県・秋田県土崎港、山形県酒田港における北海道産の生ザケ・塩ザケ・塩引ザケの移入量と金額を見ると、青森県が「塩ザケ」一四万一八九〇本（二万三五一四円、移入品総額の四％）、土崎港が「サケ・塩引」二二万三〇〇〇本（四万三六〇円、移入品総額の八％）、酒田港が「生ザケ」八三万一一〇〇本（二万七七七円）・「サケ塩引」五〇万一三〇〇本（五万三七四二円）、合計一三三万二四〇〇本（七万四五一九円、移入品総額の二一％強）でした。

これらの事実は、青森県・秋田県・山形県ともに県内でとれたサケのみでは需要を満たすことができず、その不足分を北海道から移入していたことを示しており、これら三県がいかに多くのサケを消費していたのかを知ることができるでしょう。

また、岩手・宮城・福島三県に関しては、同年の北海道産のサケの移入は見られませんが、これは岩手県が「南部の鼻まがり鮭《さけ》」として有名なサケの産地であるためです。近世には、秋田藩（秋田県）・庄内藩・松山藩・新庄藩（山形県）の他に盛岡藩・一関藩（岩手県）・仙台藩（宮城県）・会津藩・中村藩・泉藩・白河藩・平藩（福島県）などの諸藩が幕府に初鮭・塩鮭・子籠鮭《こごもりざけ》などを献上している事実は、岩手県・宮城県・福島県においても多量のサケが捕れ、当該地域の人々にとって、サケが重要な食品になっていたことを示しています。

なお、宮城県について言えば、近世末期には、「蝦夷地」東部産のサケが仙台藩領に直送されていました。このように、東北地方は、名実共に「サケ文化圏」であったところに、食文化の大きな特徴があり、このことが、現在の歳末における「新巻ザケ」販売に大きな影響を与えているのです。

Q3 北奥の人々がアイヌ民族の衣服であるアットウシ織りの衣服を愛用していたのはなぜですか。

A3 アイヌ民族の「アットウシ（attus）」というのは、オヒョウの木やシナの木またはハルニレなどの木の内側の皮からとった繊維《せんい》を糸にし、それを織機《おりき》にかけて編んだ織物のことで、この織物で製した着物を「アットウシアミプ（attus-amip）」、または単に「アットウシ」と言いますが、和人の記録類では、「アツシ」・「厚子」と記しました。近世には、弘前藩領の津軽半島部や盛岡藩領の下北半島部の和人民衆も、このアイヌ民族の固有の伝統的な衣服であるアットウシ織りの衣服を愛用していたことはよく知られている事実です。一七八八（天明八）年頃、弘前藩の家臣比良野《ひらの》貞彦がその著『奥民図彙《おうみんずい》』で津軽半島の「宇鉄・三馬屋アタリノ猟師、カクノコトキモノヲ着スルモアリ。コレハ松前（北海道）ニテ漁人ノ着スルモノノヨシ。其地《そぢ》ハ、アツシト云《いう》木ノ皮ニ

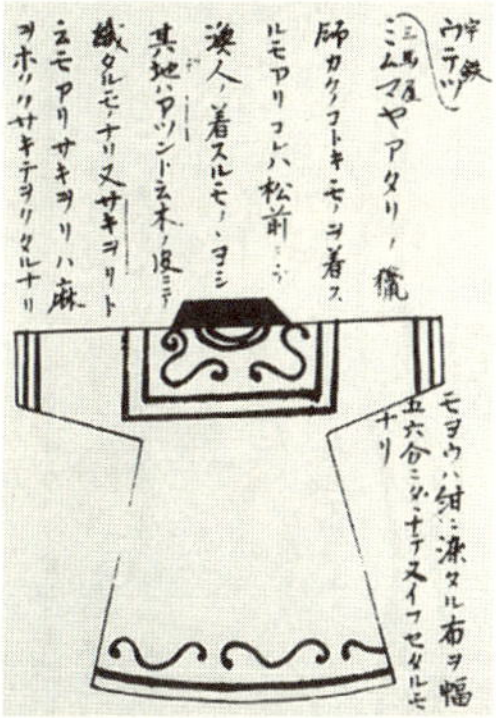

『奥民図彙』に描かれているアットウシの衣服図（弘前市立図書館提供）

テ織《おり》タルモノナリ」と記していることや、一八五七（安政四）年、越後《えちご》長岡藩の家臣森一馬・松井佐藤太の紀行文『罕有日記《かんゆうにっき》』に、下北半島の津軽海峡に面した地域の一般民衆の服装について、「婦人老若を分かたす風呂敷にて頭を包み、アツシの半着に袖なし羽織《はおり》・小手・股引して甲斐々《かいがい》しく見へたり」（大畑の項）と記していることは、こうした状況をよく伝えています。

こうした地域の和人民衆がアイヌ民族のアットゥシ織りの衣服を着ていたのは、北奥が長い間アイヌ民族の居住地であったことに加え、松前藩の主要な知行形態である*商場《あきないば》知行《ちぎょう》制における「商場」の経営がアイヌ民族との交易を主にしたものから、漁業経営に変容し始め、北奥の地域の多くの和人民衆が「松前稼ぎ」と称して、この「蝦夷地」の「商場」（漁場）に出稼ぎに行って、「蝦夷地」のアイヌ民族からアットゥシ織りの衣服を買い求めたことなどによります。しかし、和人民衆がアットゥシ織りの衣服を愛用した最大の理由は、アットゥシ織りの着物が木綿《もめん》の着物より水を弾《はじ》くために、水仕事の多い漁民や船乗りたちにとってはきわめて都合のよい労働着として機能したことです。

ですから、アットゥシ織りの衣服は、北奥の和人民衆のみならず、松前・蝦夷地と上方を結ぶ北前船の船頭や水主《かこ》たちも愛用していたのです。近世に彼らが各地の神社に奉納した船絵馬に描かれた人物の服装を見ると、このことがよく分かります。

＊松前藩の経済的基盤が幕府から公認されたアイヌ民族との独占的交易権にあったことから、松前藩は上級家臣に対する職務としてアイヌ民族の居住地として設定した「蝦夷地《えぞち》」内の一定地域でアイヌ民族との交易権を与え、その交易の場を「商場《あきないば》」という。

10 奥羽地方の学問と文化

月山遠望
（『図説・山形県の歴史』河出書房新社刊より）

本章では、現山形県にある「出羽三山《でわさんざん》」信仰や近世に奥羽地方を遊歴した松尾芭蕉《ばしょう》と奥羽地方の人々との交流の様相をはじめ、奥羽地方を遊歴して多くの紀行文を残し、秋田藩領の角館《かくのだて》で没した菅江真澄《すがえますみ》といった人物と東北の三大夏祭りを取り上げることによって、奥羽地方の学問と文化の一端を考えてみることにしました。

Q1 出羽三山《でわさんざん》への一般民衆の参詣《さんけい》は、いつ頃から盛んになったのですか。

A1 出羽三山とは、山形県にある月山《がっさん》（標高一九八〇メートル）、湯殿山《ゆどのさん》（標高一五〇四メートル）、羽黒山《はぐろさん》（標高四一九メートル）の三山の総称ですが、古代律令制国家の一一世紀末頃までは、月山、羽黒山、葉山《はやま》（寒河江《さがえ》市北部の山。標高一四六二メートル）を三山と称し、この時期の出羽三山信仰は、山岳信仰（水神信仰・祖霊信仰）を基礎にして、それに仏教が入り込んで*本地垂迹《ほんじすいじゃく》の大系をつくっていました。各三山は、月山が阿弥陀如来《あみだにょらい》、羽黒山が観世音菩薩《かんぜおんぼさつ》、葉山が薬師如来《やくしにょらい》を本地仏《ほんじぶつ》とし、それぞれの聖地を形成してい

*神は仏が仮に形を変えてこの世に現れたもの（垂迹）とする考え。

たようです。その後一二世紀頃から末法思想が浸透《しんとう》し、阿弥陀仏に救いを求める浄土信仰が急速に広まっていくなかで、一二世紀初め頃から一六世紀にかけた時期に月山を中心とした初期出羽三山（月山・羽黒山・葉山）が成立するに至りました。しかし、三山を統括する組織は存在せず、修験《しゅげん》も葉山修験が羽黒修験に対し自立性を保っていたようですが、出羽三山信仰が民衆にも広く受容されるようになりました。とくに羽黒山伏《やまぶし》や羽黒巫女《みこ》の活躍によって、羽黒山信仰が海の通、川の通を介して、北は松前（北海道）から関東・信越地方に至る地域に拡大していきました。

源《みなもとの》義経《よしつね》が奥州平泉の藤原秀衡《ひでひら》を頼って逃げ込む際に、山伏の姿であったことはよく知られていますが、その前提には羽黒山伏などの活躍がこの地域に受け入れられていたために山伏姿が安全であったとの見解も提示されています。

　ところで、一五世紀頃までは、出羽三山に湯殿山が組み入れられておりませんでしたが、天正年間（一五七三〜九一年）に寒河江《さがえ》の慈恩寺《じおんじ》が葉山と分離していく過程で、羽黒山寂光寺《じゃっこうじ》が旧三山の中核となり、葉山の地位が低下し、羽黒山寂光寺の主導で羽黒山・月山・湯殿山という新三山が成立するに至りました。しかし、一六一三（慶長一八）年五月、江戸幕府が修験道法度《はっと》を下し、本山派・当山派を公認したため、地方の修験は両派のいずれかに属さなければならなかったことから、羽黒山と湯殿山は以後争論を繰り返し、両者が分離す

湯殿山月山羽黒三山一枚絵図（山形県立博物館提供）

る状態が続きますが、文化・文政期（一八〇四～二九年）以降、一般庶民が講《こう》を組織して神社・仏閣への参詣《さんけい》が比較的自由にできるようになると、出羽三山信仰は一層広まり、三山への参詣が最盛期を迎えました。

とくに現世利益と未来成仏が混在する湯殿山は、次第に真言浄土信仰の色合いを強めていったこともあって、出羽三山のなかでも最も多くの信仰を集めました。また、湯殿山信仰の特色を伝えるものに即身仏《そくしんぶつ》（ミイラ）がありますが、湯殿山の真言四カ寺（大日坊・注連寺・本道寺・大日寺）の行人《ぎょうにん》の中に五穀断《ごこくだ》ちなどの木食行《もくじきぎょう》を行って即身仏になる者がおりました。近世に即身仏になった代表的行人は、本明海上人・忠海上人・真如海上人・円明海上人・鉄門海上人などですが、こうした行為は、真言密教の即身仏の信仰と弘法大師の入定伝説が宗教的信念まで高められた結果だと言われています。

Q2 菅江真澄《すがえますみ》とは、どのような人ですか。

A2 菅江真澄は、江戸時代後期の三河《みかわ》（現愛知県東部）生まれの国学者で、三〇歳の時から信越、奥羽、松前・蝦夷地の各地を巡歴し、幅広い関心のもとに巡歴した地域にちなんだ多くの和歌を残すとともに、多量の紀行文や地誌・随筆・絵図等を残し、旅に出た後は故郷に帰ることなく秋田藩領の角館《かくのだて》（現秋田県仙北市）で七六歳で生涯を終えた人です。彼の著作は、内田武志・宮本常一編『菅江真澄全集』全一二巻・別巻一（未來社）に収録されています。

彼は、一七五四（宝暦四）年、三河国に生まれ、三〇歳の時、三河国を発《た》って信濃《しなの》（長野県）から越後《えちご》（新潟県）に入り、以後日本海沿岸沿いに北上して出羽国《でわのくに》（山形県・秋田県）・弘前藩領に入って青森まで到達。同年、再度秋田藩領に入って盛岡藩領の鹿角《かづの》（現秋田県鹿角市）経由で盛岡藩領の奥州街道沿いに南下して仙台藩領の松島まで行き（一七八六〔天明六〕年）、次いで引き返して仙台に宿泊したうえで、平泉の中尊寺に参詣し、盛岡藩領を経由して弘前藩領に入って津軽半島の三馬屋《みうまや》（三厩《みんまや》）から船で松前に渡り北上して「西蝦夷地」の太田権現に登った後、城下松前に引き返したうえで、「東蝦夷地」のアイヌ民族の集落を巡りながら有珠山《うすざん》に登りました（一七九二〔寛政四〕年）。同年、松前城下から下北半島の奥戸《おこっぺ》に渡り、以後一七九五（寛政七）年正月まで下北半島の各地を巡歴。以後一八〇一（享和元）年一〇月頃まで弘前藩領の各地を巡歴。その後一八〇一（享和元）年から一八二九（文政一二）年までの二八年間は秋田藩領内の各地を巡歴し、一八二九（文政一二）年七月一九日、故郷に帰ることなく角館《かくのだて》で病没しました。享年七六歳。このように真澄の七六年の人生のうち、約四六年間は、まさに奥羽地方と松前・蝦夷地を主とした巡

菅江真澄画像。画像の上部に、「春雨のふる枝の梅のしたしつく香をかくはしみ草やもゆらん」との自作の歌が記されている（『東洋文庫・菅江真澄遊覧記』平凡社刊より転載）

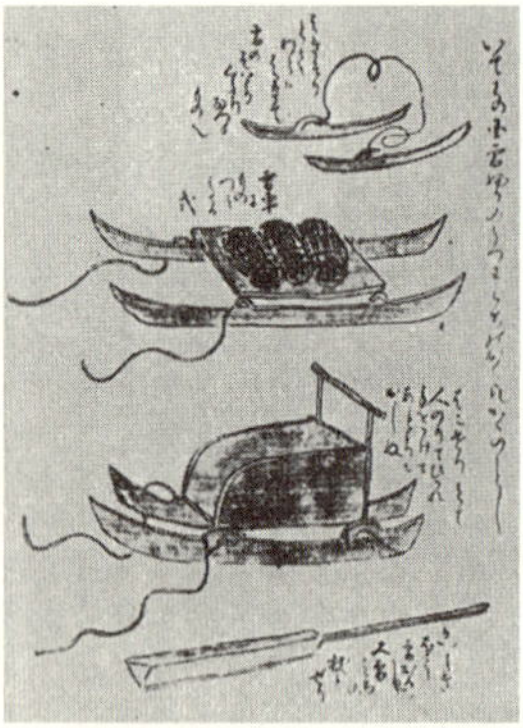

秋田県湯沢周辺の雪具（『東洋文庫・菅江真澄遊覧記』平凡社刊より転載）

歴の人生だったのです。

彼の紀行文の内容で特徴的なことは、各地の一般民衆の日常生活を、きめ細かく、しかも温かい目で記し、それに対する自己の批判的見解をいっさい記していないことです。とくに注目しておきたいことは、当時の日本の知識人、とくに中央の知識人の多くが華夷思想《かいしそう》の影響を強く受けて、アイヌを必ず「蝦夷」と記しているのに対し、アイヌを「アヰノ」と記しているだけでなく、アイヌ民族の生活・風俗に関する記述もその多くをアイヌ語で表記していることです。もっとも奥羽地方に関する部分では、アイヌを「蝦夷」と記していますが、これは、真澄はその紀行文を他人に見せることを意識して記しているために、奥羽地方の人々のアイヌ認識を配慮したことによるものと思われます。百聞は一見に如《し》かず。真澄を知るためには、先の『菅江真澄全集』を読むのが一番よいのですが、真澄の原文を読むのが苦手な方には、原文を現代語に訳した内田武志・宮本常一編訳『菅江真澄遊覧記』全五巻（平凡社、東洋文庫）を読むことをお勧めします。

Q3 東北の夏祭りはいつ成立し、そこにはどんな願いがあったのでしょうか。

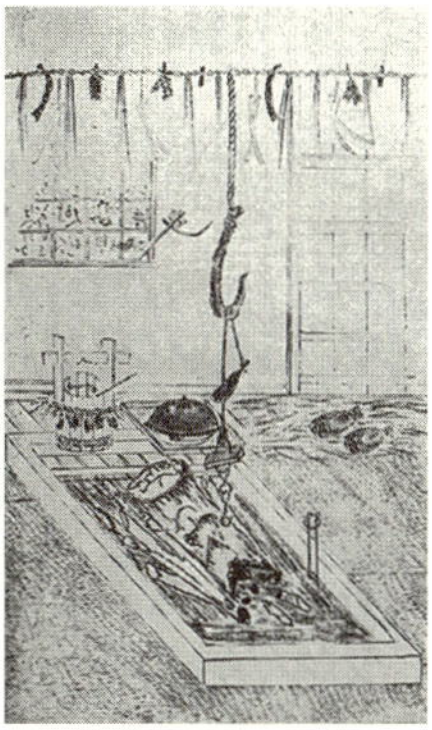

青森県東津軽郡平内周辺で深雪をふみわけて訪れた民家の囲炉裏のある部屋（『東洋文庫・菅江真澄遊覧記』平凡社刊より転載）

現北海道渡島半島噴火湾沿岸部のモナシベ（八雲）周辺のアイヌ民族のコタン（『東洋文庫・菅江真澄遊覧記』平凡社刊より転載）

A3 青森のねぶた、秋田の竿燈《かんとう》、仙台七夕《たなばた》はいわゆる東北の三大夏祭りとして全国的にあまりにも有名です。

青森のねぶたは、津軽《つがる》藩の城下町弘前《ひろさき》のねぷた（こちらは「ねぶた」ではなく、「ねぷた」と呼びます）の影響により成立したものと言われています。弘前のねぷたの形状は扇燈籠《とうろう》で、青森ねぶたの勇壮な武者などの人形燈籠に比してやや地味な感じもしますが、絵師の手になる「津軽の華《はな》」と称賛される美人画などは妖艶《ようえん》で夜目にも鮮《あざ》やかです。

ねぷた祭りの起源は、古くからは征夷《せいい》大将軍坂上《さかのうえの》田村麻呂《たむらまろ》の「蝦夷《えぞ》征伐《せいばつ》」にまつわる田村麻呂起源説がもっともらしく唱《とな》えられてきましたが、これは歴史的事実に基づかないまさに伝説にすぎません。また初代藩主津軽《つがる》為信《ためのぶ》が京都で大燈籠を作ったことに起源を求める説もありますが、今では「郷土に対する盲目的偏愛以外の何ものでもない」と否定的です。

ねぷた祭りは日本古来の禊《みそぎ》（「水に流すこと」）の習俗に、七夕祭り（旧暦七月七日）と盂蘭盆《うらぼん》（燈籠）が融合したのが、今日のねぷた祭りの起源とされています。なお、「ねぷた」といえば燈籠のことであり、これを持ち回る行事を「ねぷた祭り」と呼びます。

「ねぶた」の青森は、もともと漁村にすぎなかったのですが、江戸時代に入り、津軽藩の江戸廻米《かいまい》の港町へと発展していったなか、江戸時代末期の天保《てんぽう》一

弘前のねぷた（弘前市商工観光部観光物産課提供）

三（一八四二）年に「佞武多《ねぶた》」の名が初めて登場します。その後幕末までねぶたの運行は、時には藩の自粛訓令を受けながらも賑《にぎ》やかに継続させていきます。しかし燈籠の形は、長い竿の先に角形の燈籠を付けた一人持ちのものや、上部に扇の飾りなどが付いた大型の角形で五、六人が担いだものと思われますが、大型の人形燈籠であったかどうかは判然としません。明治維新後の明治四（一八七一）年に県庁を弘前から青森に移し、また本土と北海道の連絡港として発展したことから、青森ねぶたの形状は本格的に展開していきました。つまり弘前の伝統的な扇ねぷたとは異なる、派手で豪華な大型の人形ねぶたとして独自に発展していったのです。

秋田の竿燈も、本来は火を焚《た》き眠りを追い払う睡魔《すいま》（眠気）払いの盆行事で、それと季節柄七夕行事と結合したものです。そしてその稲穂の形状からもわかるように五穀豊穰《ほうじょう》をも祈願したものです。

菅江真澄の『真澄遊覧記』に、「久保田の里などには、唯燈《ただ》たかくささげあり」とあることから、江戸時代中期からすでに秋田（久保田）では竿燈の原形が登場しています。今日見られるような横竹を何段にも組み、これにたくさんの提灯《ちょうちん》を下げるようにした竿燈は、職人や商人の住む庶民の町々から出されるようになり、（旧暦）七月六日の夜に練り歩いたのは内町《うち》（侍町《さむらい》）ではなく外《そと》町（町人町）でした。その意味で竿燈は「庶民の祭り」でした。

江戸時代には「竿燈」とは呼ばず、「眠り流し燈籠」または「七夕燈籠」といわれ、また久保田城下以外の近郷近在でも村人たちによっても営まれています。これら村人たちと町人たちの共通した願いが、提灯の紋章である豊作を祈る稲穂として描かれ、さらに提灯そのものが米俵を形どっている姿に象徴されています。このように最上段に記されている「七夕」と、「眠気流し（払い）」の伝承行事とうまく融合していったのです。

仙台の七夕祭りにも、同じような庶民の願い・祈りが込められています。そもそも七夕祭りは、牽牛《けんぎゅう》星と織女《しょくじょ》星の恋物語の伝説をもつ中国の星祭りを移入した行事です。そして厳しい労働に明け暮れ疲労の末に睡魔の襲来を駆除《くじょ》するための、日本古来の「眠り流し」行事と結び合ったものです。この七夕祭りは全国各地で古くから行われていた行事ですが、仙台地方の七夕祭りは城下町やその近郷近在の村々で盛んに行われ、とくに仙台の七夕祭りは城下の各町が競い合った飾り付けの豪華さで古くから有名でした。一〇メートル以上の巨大な唐《から》竹と孟宗《もうそう》竹に飾る吊《つ》るし物には一定の基準があります。それは上から順に、紙衣《かみごろも》*、折り鶴**、吹き流し***、巾着《きんちゃく》****、投網《とあみ》*****、屑籠《くずかご》******、それに万遍《まんべん》なく短冊《たんざく》を飾り付けます。いずれも材質は和紙を使うのが基本です。これらの飾りからも分かるように、七夕行事は古来から豊かな生産、商売の繁栄・健康長寿・技量上達、そして先祖の供養《くよう》といった民衆の強い願いが込められた庶民行事なの

仙台七夕のなかの「平和七夕」（平和七夕実行委員会提供）

*病気や災害の厄《やく》よけと裁縫《さいほう》や手芸の上達を願う。
**家族の長寿を願う。
***機《はた》織りの技能上達を願う。
****金銭などを入れる袋のこと。商売繁盛・貯蓄を願う。
*****豊漁や豊作の祈願。
******倹約や整理整頓の清潔の心を願う。

です。

なお戦後になって、仙台空襲体験の商店主の協力により市民権を得た「平和七夕」が登場しました。宮城県内の小中高生を中心に全国の個人や団体一万人以上の協力により、「ノーモア・ヒロシマ・ナガサキ」の吹き流し・折り鶴が、中心街に飾られています。地域に根ざした仙台七夕の新たな発信です。

ここで紹介してきたいわゆる「三大夏祭り」だけでなく、東北各地の多様な祭りは、本来いずれも生産・労働・生活に根ざした豊作祈願・睡魔払い・悪疫《あくえき》退治・先祖供養などを共通の起源としています。

Q4 松尾芭《ば》蕉《しょう》は『奥の細道』で何を願いましたか。また、芭蕉を歓待したのはどんな人々ですか。

A4 伊賀（三重県）生まれで江戸在住の芭蕉にとって、この書の序章に「松島の月まづ心にかかりて」と記してあるように、未知であこがれの地・東北の歌枕《うたまくら》と旧跡への思いがことのほか強かったのです。俳人芭蕉は、敬愛して止まない歌人西行法師《さいぎょうほうし》や能因《のういん》法師がかつて訪れ秀歌を残したゆかりの地（歌枕）への紀行に、長年夢をいだいていました。ですから、武隈《たけくま》の松や野田の玉川（共に宮城県）で能因法師の和歌を偲《しの》び、そして象潟《きさかた》（秋田県）では西行法師記念《かたみ》の桜の老木と、能因法師が隠れ住んでいた能因島を訪ね、感慨を深くしています。さらに松島（宮城県）ではその美しさに「あやしきまで妙《たえ》なる心地」と絶賛し、「眠らんとしていねられず」と興奮しています。名高い「壺《つぼの》碑《いしぶみ》」（宮城県）に感激して「存命の悦《よろこ》び」「泪《なみだ》も落《おつ》るばかり」とまで言い切っています。また平泉（岩手県）では藤原三代の栄華を偲ぶ廃墟を前にして、「時のうつるまで泪《なみだ》を落し」、「夏草や兵《つはもの》どもが夢の跡」の名句を詠《よ》んでいます。こうして念願の大紀行は、その目的をほぼ達したといえましょう。

一方、本州東半分にも及ぶ二四〇〇キロメートル（約一五〇日）の大旅行を経済的に支えたのは、どんな人々だったのでしょうか。

それは各地の経済的にも豊かな俳人仲間でした。旅費をまず工面《くめん》した高弟の杉山杉風《さんぷう》は、江戸城御用達の豪商でした。東北各地で歓待した俳人たち、例えば須賀川（福島県）の等躬《とうきゅう》は町役人で運輸・金融業を営む有力者、尾花沢《おばなざわ》（山形県）の鈴木清風《せいふう》は京都・江戸とも取引のある紅花《べにばな》問屋（豪商）、酒田《さかた》（山形県）の伊東玄順《げんじゅん》は町医者と、いずれも当地の旦那《だんな》衆たちでした。そして彼らは各地で句会を開催し、その際芭蕉に、参加費用と句の添削《てんさく》料などの現金収入を得る機会を提供しました。困難をともなう当時の交通状況のもとでのこの大旅行の成果は、各地の芭蕉門下のネットワーク（つまり豊かな有力者）があったからです。そこに芭蕉俳諧《はいかい》の特徴が見えます。

芭蕉の句碑と並ぶ句碑群（仙台市榴ケ岡天満宮）

11 民衆と明治維新

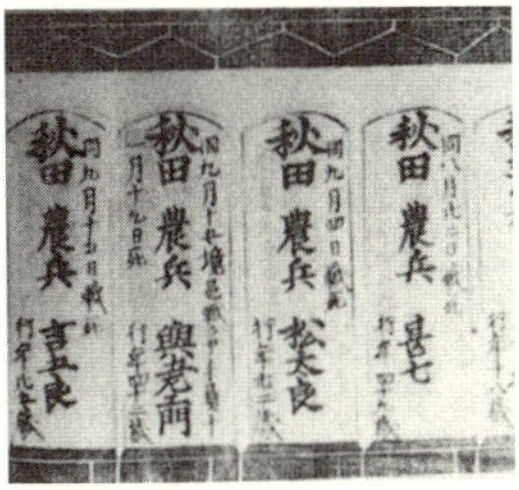

官軍戦死者墳墓之図
(秋田県公文書館提供)

明治維新――東北にとってこの歴史的大動乱は、多くの場合、屈辱《くつじょく》的な大敗北を意味します。そして日本の近代化政策に取り残された東北は、国家によって〝後進・未開の地〟として位置づけられ、国内資源の収奪《しゅうだつ》地として差別的支配を受けることになります。

そのような状況のもと、国内の圧倒的な人口を占める農民（とくに東北農民）たちは、どのような犠牲を受け、そして抵抗したのでしょうか。

Q1 「東北」というまとまりは、どのようにつくられたのですか。

A1 「東北は一つ」とよく言われますが、実は東北は一様ではありません。東北の背骨である奥羽《おうう》山脈は、太平洋側と日本海側に二分していますし、北海道に近い北東北と関東に隣接する南東北とでは五四〇キロメートル（東京―岡山の距離に相当）も離れています。したがって気候・風土・県民気質、そして歴史は一様ではありません。

近代に入ってから東北は同質・一様化されていきます。それ以前の東北地方全体の呼称は、「奥羽」（つまり東側の「陸奥《むつ》」＋西側の「出羽《でわ》」の総称）でした。明治新政府も当初は「奥羽人民告諭《こくゆ》」のように、「奥羽」と呼んでいました。しかし「奥羽」の大半を占める「陸奥」は、古代以来、中央政権にとって「最奥・最果ての地」（つまり未開・辺境・野蛮）という差別の対象地域でしたので、この用語についてはさすがの明治政府も間もなく「東北」呼称を使用します。しかし実態は、例えば参議《さんぎ》（大臣）木戸孝允《たかよし》の「東北辺も（中略）十が十愚物而已《おろかもののみ》」のように、差別としての「奥羽」観念は不変なのです。その後も「白河《しらかわ》以北、一山《ひとやま》百文《もん》」（東北は未開・後進）という、中央政府による差別的な地域支配の行政が執行されていきます。

そうした政治的社会的状況のもと、東北各地では東北蔑視《べっし》の薩長藩閥《さっちょうはんばつ》政府や官僚に対する抗議が相次ぎます。同時に「東北」の内実をどうつくるかをめぐって、東北の団結を通して国家と民衆との攻防が展開されていきます。

Q2 薩長《さっちょう》政権に対抗した「奥羽政権」が、幻に終わったのはなぜですか。

A2 明治維新により、慶応《けいおう》四（一八六八）年は九月八日に明治元年と変わりました。ところが東北では、薩摩《さつま》（鹿児島）・長州（山口）を中心とする新政府に対抗して、六月一六日を期して元号を「大政元年」とする、「奥羽政権」を置く構想があったとされます（菊地容斉《ようさい》『前賢故実』）。輪王寺宮《りんのじのみや》（明治天皇の叔父）が「東武《とうぶ》皇帝」として即位《そくい》し、その下に関白《かんぱく》・太政《だいじょう》大臣・大《だい》納言《なごん》・左《さ》大臣などを置く復古的政権といわれます。しかしその政権の実現については疑問が多いので、「幻の政権」だったといえます。

「幻の奥羽政権」と化した原因は何だったのでしょうか。もちろん明治新政権側の近代的な兵器と強力な軍隊による猛攻という軍事上の劣勢《れっせい》があります。同時に新政権の実質的な担《にな》い手が門閥《もんばつ》意識にとらわれない下級武士層で、彼らは積極的な対外貿易や殖産興業《しょくさんこうぎょう》の育成という近代化への道を構想していたのに対し、各藩藩主の連合である*奥羽越《おううえつ》列藩同盟を基盤とした「奥羽政権」は、明治新政権とは別の道を構想していました。つまり彼らの政権の担い手は、旧態《きゅうたい》依然《いぜん》とした各藩の重臣《じゅうしん》に占められ封建体制の継続そのもので、商品経済の育成発達の政策に乏しく、近代国家の展望を示すことはできなかったのです。

戊辰《ぼしん》戦争で敗者となったその後の東北は、「賊軍《ぞくぐん》」と蔑視《べっし》され、政治・経済・社会のすべての面で明治政府から資源収奪《しゅうだつ》の対象とされていきます。

幻の「奥羽政権」の章旗（尾崎竹四郎「東北の明治維新」サイマル出版より）

*東北地方の奥羽と越後（新潟）の三一藩の同盟。

Q3 「白虎隊《びゃっこ》の悲劇」は有名ですが、それはどんな内容だったのですか。

A3 西軍（新政府軍）の猛攻を受け、鶴ヶ城に籠城《ろうじょう》の会津《あいづ》軍は降伏しました（一八六八年）。その約一カ月前に「白虎隊の悲劇」がおこりました。

白虎隊とは、会津藩の正規軍の最年少（一六・一七歳）の部隊で、かつ上級武士の子弟で編制されたのが、「士中白虎隊」です。その士中白虎隊二番中隊は隊長日向内記《ひゅうがないき》に率いられて前線に向かいますが、風雨のなか食糧調達に出た隊長は道に迷い帰隊できなくなりました。代わりに一七歳の篠田儀三郎《しのだぎさぶろう》が指揮をとり戦いましたが敗退し、鶴ヶ城を遠望する飯盛《いいもり》山中の地点で、「城はまさに落ちようとしている。死を以て＊君国《くんこく》に殉じよう」と一九名の隊員が集団自刃《じじん》しました。たまたま一命を取り留めた飯沼貞吉の証言で壮絶な事実が明らかにされ、そのひたむきで純真な忠誠心が称賛されました。

しかし鶴ヶ城が落城したとの誤認《ごにん》による自決であっただけに、客観的に判断できる年長者隊長の不在が、悲劇の一因と考えられます。この白虎隊の殉死《じゅんし》は後に忠君の鑑《かがみ》として激賞されましたが、天皇軍に敵対した賊軍の故に靖国《やすくに》神社には祀《まつ》られていません。また、ファシズム政権下のイタリアは白虎隊の記念碑をその広場に寄贈し、当時の政府は忠誠心を宣揚するために政治的に利用しま

＊君国（主君、この場合は会津藩主を指す）

白虎隊士の墓（安在邦夫ほか「会津諸街道と奥羽道中」吉川弘文館より転載）

した。

Q4 甚大な犠牲を受けた農民たちは、黙って耐え忍んでいったのですか。

A4

「国家泰平《たいへい》のために朝敵征伐《せいばつ》するとのことであるが、只今《ただいま》百姓は養蚕《ようさん》と田植えの最中《さいちゅう》で、戦争協力どころではない。田植えと養蚕が終わるまで戦争を中止していただきたい。戦争が長びけば百姓は一人もいなくなる」との訴状を新政府軍に差し出したのは、今の福島県北部の信夫《しのぶ》・伊達《だて》両郡の「惣《そう》百姓」一同でした。この地方は有名な養蚕地帯で、その商品流通を通して全国の情勢に敏感で、戦争が自分たちの生活や生産にいかに悲惨な結果をもたらすかをよく知っていたからです。

戦争は民衆にとって、いつの時代も苛酷《かこく》で悲惨なものです。新政府軍も会津軍もともに、軍隊の食糧として現地の農民の米まで徴発《ちょうはつ》し、運搬役の人夫と馬を強制的に使役《しえき》しました。そして戦場ともなれば農民たちは住居の焼失、略奪・暴行を受け、戦死する者も出ました。

戊辰《ぼしん》戦争による民衆の疲弊《ひへい》、その後の凶作にもかかわらず、明治政府の「徴税の為には一村千人を殺しても苦しからず候《そうろう》」との政策のもと、県の役人は、妻子を売り家財道具を売却しても期限までに納税するよう厳命したのでした(『川俣《また》騒動一件探索《たんさく》書』)。

一八七一(明治四)年の福島県伊達《だて》郡川俣《がわまた》の農民ら二万人による福島県庁襲撃事件は、このような苛酷な政策に対する民衆の抵抗・蜂起《ほうき》であったのです。

Q5 「東北の後進性」は、どのようにしてつくられたのですか。

A5

「百姓・町人に加えたる(薩長軍の)暴虐《ぼうぎゃく》の挙、全東北に及びたること多くの記録あれど、故意に抹殺《まっさつ》されたるは不満に堪《た》えざることなり」と新政府軍を厳しく批判したのは、薩長閥以外で初めて陸軍大将となった柴五郎でした(『ある明治人の記録――会津人柴五郎の遺書』)。柴五郎のこの強い感情は、戊辰戦争時の暴虐を受けた体験や、その後の薩長閥支配に対する東北民衆の共通した怒りの反映でもありました。

明治新政府は薩長土肥を中心とする藩閥政府であったので、東北各県の県令・知事の多くは彼らが占めていました。それだけに彼らは東北民衆をおろかな人民として扱い、「無神経ノ人民」と記した肥前《ひぜん》(佐賀)出身の鍋島幹青森県知事は、県民世論の知事辞職の声にさらされる「無神経事件」が発生しました（一八八八年）。

明治政府は産業政策の上でも、東北を中央の国内植民地として位置づけ、豊かな地下資源を収奪の対象とし、これまでの官営鉱山を、政府と深く癒着《ゆちゃく》していた政商（とくに藩閥関連）を中心に払い下げました。小坂鉱山（藤田組）、釜石鉱山（田中家）、院内・阿仁《あに》両鉱山（古河家）、細倉《ほそくら》・尾去沢《おばなざわ》の各鉱山（三菱）、半田鉱山（五代家）などがその好例です。これらの鉱業生産物は東北自体の社会や生活の基盤を発展させることは少なく、中央資本の利潤追求のさらなる展開の産業基盤となっていきました。農業生産が食糧供給地帯としての役割を担わせられたこととあわせ、「東北の後進性」は意図的に形成されていきました。

小坂鉱山事務所本館（同和ホールディングス提供）

さらに読んでみよう

尾崎竹四郎『東北の明治維新』（サイマル出版会、一九九五年）

12 自由民権運動

日本の近代国家のあり方をめぐって、東北地方各地でも民衆の願いを基礎に、自由民権運動がさかんに展開されます。この政治運動は、国会開設・憲法制定を求めた日本最初の民主主義的改革運動です。その中で最も高揚した激化事件の一つが福島事件であり、なかには大胆にも「天皇のリコール」まで主張した岩手の民権家もいます。「後進地帯」と言われた東北地方でも、先進的な政治運動や思想が生まれていきます。

「自由」凧あげ図（東北新報）
（仙台の歴史編集委員会「仙台の歴史」宝文堂出版より）

Q1 東北の自由民権思想には、どんな特色がありますか。

A1 宮城《みやぎ》県仙台市の資福《しふく》寺に、東京の「五日市《いつかいち》憲法草案抜粋《ばっすい》」の碑文《ひぶん》があり、その中に「日本国民ハ各自ノ権利自由ヲ達ス可《べ》シ他ヨリ妨害ス可《べか》ラス且《かつ》国法之ヲ保護ス可《べ》シ」という条文が記してあります。

五日市は東京といっても山あいの辺地で、そこで小学校教員千葉卓三郎を中心に、自由と民権の日本国をつくろうと学習を重ねて一八八一年に完成したのが、「五日市憲法草案」二〇四カ条です。その千葉卓三郎の墓地が資福寺の墓域にあり、彼の墓標には「自由権下不羈《ふき》郡浩然《こうぜん》気村貴番智不平民、ジャパネス国法学大博士タクロン・チーバー氏ここに眠る」と刻《きざ》まれています。国家からも束縛されない自由民権の思想をユニークに示しています。

千葉卓三郎は宮城県の志波姫《しわひめ》（現栗原市）の出身で、そこでハリストス正教（ロシア正教）の信者となり、西洋の近代思想に触れます。宮城県の自由民権運動にはキリスト教信者が多く参加し、他県でも岩手県の鈴木舎定《いまさだ》、青森県の本多庸一《よういち》などもキリスト教の影響を受けています。東北の自由民権運動の一部では、人間の尊厳と平等を求めるキリスト教との関係が強く認められます。

東北の自由民権結社数は、合計一二〇余社といわれます。参加者は代言人（弁護士）・新聞記者・教師などの知識人のほかに、在村の商人・貧窮《ひんきゅう》士族・中小農民などと幅広い層が結集して、国会の開設と憲法の制定・地租軽減などを要求し、運動を積極的に展開していきました。

Q2 なぜ福島事件のような激化事件がおこったのですか。

千葉卓三郎の墓標（仙台市資福寺）

A2

自由民権の政治・社会を実現するために、やむなく実力で警官隊に抵抗した運動を、自由民権運動の激化事件といいます。明治一五（一八八二）年一一月の福島事件（つまり喜多方《きたかた》事件）は、その典型例の一つです。

「自分は政府から三つの内命（自由党の撲滅《ぼくめつ》・帝政党の援助・道路の開発）を受けて赴任《ふにん》した」と公言して福島県令となったのは、薩摩出身の超タカ派の三島通庸《みしまみちつね》でした。この三島県令に対し、自由民権派が多数を占める県議会は議長河野広中《こうのひろなか》の指導のもと、県令提出「議案毎号否決」を決議して対抗しました。三島県令は会津地方道路開設を強行しようとしたため、工事の強制労働と労役《ろうえき》従事の代わりの代夫賃取り立てに反対する農民たちは、「権利恢復《かいふく》同盟」を結成し、七〇〇〇余人の参加を得て工事不服訴訟運動を展開しました。

そして同盟総代が県令の御用政党帝政党員らの襲撃を受けたことなどから、自由党員と農民とが結び合う幅広い闘争に発展し、指導者の逮捕に抗議し喜多方警察署前に集まった農民約三〇〇〇人に対し警官隊が力で襲いかかり流血の惨事《さんじ》をおこしました（喜多方事件）。さらに河野広中ら県内の自由党員は内乱陰謀《いんぼう》容疑者として一斉《いっせい》に検挙されました。

福島県の自由民権運動は、このように農民の地域生活要求と自らの権利回復運動との共同闘争として展開していったことに、歴史的な意義があります。

道路工事労働の強制（『福島奇聞自由夜話』より）

Q3 「天皇のリコール」を提起した人が岩手にいたのですか。

A3 その人は、小田為綱《ためつな》といいます。小田為綱は、日本史教科書に登場する植木枝盛《えもり》や千葉卓三郎に比べて、ほとんど無名に近い人です。彼の足跡《そくせき》については、近年小西豊治*の『もう一つの天皇制構想』によって一躍注目されるようになりました。

小田為綱は南部藩宇部村（現岩手県久慈市）の出身ですが、この野田通りは有名な南部三閉伊一揆《さんへいいっき》の震源地で、彼は少年時代にこの一揆を見聞しています。その後、自由民権思想に関心を持ち、全国各地で私擬《しぎ》憲法草案が誕生した一八八一（明治一四）年頃、『憲法草稿評林《そうこうひょうりん》』を執筆したといわれます。この憲法構想は、上欄と下欄の二人の論評という形式で構成されていますが、その最大の特色は、次のような大胆な天皇制論です。すなわち、①皇位継承者の断絶の際の「人民投票による新天皇の選出」、②天皇が暴君で人民の権利を抑圧した場合の「天皇のリコール」、③無道の天皇の出現を認めない「廃帝の法則」などを定めており、明治政府にとって不敵きわまりない主張です。

もちろんこの憲法構想は、共和主義的な国家樹立をめざしたものではなく、立憲君主制の枠内での徹底した民主的原理を導入したものです。当時約五〇

＊古くは森嘉兵衛《かへい》の研究がある。

小田為綱の天皇制構想（小西豊治「もう一つの天皇制構想」御茶の水書房刊）

あった私擬憲法草案のなかでもとくに突出したものです。同じ岩手県の民権家鈴木舎定《いえさだ》の手紙中の一文「天子《てんし》とて神にはあらず、私ども同様の人間」とともに、近代日本の国家像の本質に迫る特筆すべき思想です。

さらに読んでみよう

大石嘉一郎『日本近代史への視座』（東京大学出版会、二〇〇三年）

⑬ 日清・日露の対外戦争

出征兵士の見送り（日清戦争）
（仙台の歴史編集委員会「仙台の歴史」宝文堂出版より）

日本最初の対外侵略戦争は日清戦争であり、その延長線上にある日露戦争です。国民の多くは熱狂的な国家主義・軍国主義意識で、戦争を強く支持していきます。しかし戦場での現実は実に悲惨で、犠牲者もおびただしいものでした。しかも日露戦争時の東北地方は記録的な大凶作で、さらに戦費のための重税が追い打ちをかけました。この状況を直視し、戦争に反対する人々も出てきます。その〝光と陰〟を見つめます。

Q1 日清戦争は、東北地方でも影響がありましたか。

A1 一八九四（明治二七）年に日清戦争がおこると、仙台の第二師団も出動し、清国の遼《りょう》東《とう》半島や山東半島での戦闘に参加します。日清戦争は近代日本にとって初めての本格的な対外戦争でしたので、国民はかなり緊張するとともに熱心に出征兵士の歓送を行いました。宮城県では、市長を会長とする仙台兵事義会が組織され、従軍者の家族や戦死者の支援に当たりました。

福島県の場合、動員令によって現役兵・臨時召集者・兵役志願者など合計五〇〇〇名を超す戦争参加者（ほかに雑用・運搬役の軍夫が二三〇〇人）が動員されました。農村では秋の稲刈りの時期であったので、人手や馬の徴発は大きな打撃を与えました。そして従軍による死亡者が兵卒や軍夫など約五〇〇人と、従軍者の一割に及んだことは深刻でした。召集時に「家族も村人も総出で村はずれまで送り、目を赤くして涙の別れをした」「この頃、戦場に行くことは死にに行くのだ」（『能代市史稿』）との予感は、まさに現実となったのでした。

戦争勝利のもと各地で出征軍人・軍属らの歓迎行事が行われましたが、初めての対外戦争の勝利によって、国民の間に国家主義意識と清国・朝鮮民衆への蔑視観《べっしかん》が形成されていきました。一方政府は、次の対ロシア戦争のために陸軍六個師団の増設を決め、その財源として地租や酒造税の増徴などを強行しました。

Q2 日露戦争では、どんな出来事があったのですか。

A2

日露戦争が開始された一九〇四（明治三七）年の翌年、第二師団の一出征兵士より、郷里の福島県和木沢《わきざわ》村にいる妻宛てに次のたどたどしい一通の手紙が届きました。「コノアドノ《（ママ）》。イクサ。ニドウナル《（ママ）》。モノカト。」、「ネムラレヌ。ホド。シンハイ《（ママ）》。シテオルハ。オマイト。（息子の）ヂン一。」と、戦死した後の深刻な心配事が率直に述べられています。別の出征兵士は、「我師団ノ死傷者約六百、我第四連隊長戦死シ第二中隊長戦死シ（中略）惨憺《さんたん》之次第ニ御座候《ござそうろう》」と戦場での惨状を記しています（共に『白沢《しらさわ》村史』）。

強大な帝国主義国家ロシアとの戦争だけに、政府や新聞の士気昂揚《こうよう》政策によって対露戦争熱は最高潮に達していきます。例えば仙台での出征軍隊の歓送迎が戦争期間で一〇六九回に及び、また戦勝に際しての祝捷《しゅくしょう》会が計五回（五万人以上）実施され、戦勝気運が横溢《おういつ》していきました。

しかし、戦場の現実は先の手紙にありますようにきわめて苛烈《かれつ》でした。動員された兵力は一〇九万人、戦費は一七億二〇〇〇万円という膨大な数字は、日清戦争に比して各四・五倍と七・六倍という数値です。激戦の続く中で、例えば福島県の場合、歩兵二九連隊だけで三一八九人の犠牲者を出すほどの無惨《むざん》なものでした（なお連隊の残余兵力は五〇〇人のみ）。「一将功成りて万骨枯る」の「万骨」は、まさしく東北の兵士たちの実相であったのです。しかもその時、東北地方は記録的な大凶作でした。

日露戦争兵士の墓石（仙台市、旧陸軍墓地・常盤台霊園）

Q3 東北地方で日露戦争に反対した人々がいたのを知っていますか。

A3

「世界の人のやはらぎを、みだすはげにや筒《つつ》の声、―― 為《す》まじきものはいくさなり　為まじきものはいくさ也《なり》」。この反戦詩は、日露戦争緒戦の九連城《きゅうれんじょう》の戦闘を歌った大塚甲山《こうざん》の「今はの写しゑ《（え）》」の結びです。勝利に沸《わ》きたつ国民世論に敢然《かんぜん》と反戦平和を訴えた甲山は、青森県浦野館《うらのだて》村（現東北町）の出身で、上京して社会主義協会に入会し、反戦詩を次々に発表しました。

同じ青森県の津軽地方黒石市目内沢《めないざわ》集落に、「縄掛け地蔵尊」があります。その傍《かたわら》にある碑文《ひぶん》によりますと、日露戦争の際、この地蔵尊を拝《おが》めば兵隊に召集されず、また出征しても戦死しないとの噂が立ち、たちまち黒山の人々が集まったので、巡査がこの地蔵尊に荒縄を掛けたというのです。そこに藁《わら》をもつかむ広範な民衆の戦争をいやがる感情の根深さを感じます。

福島県木幡《こはた》村（現喜多方市）出身のキリスト教伝道師矢部喜好《きよし》は、日露戦争の際、街頭に出て人々に戦争反対を訴え、自分も入営を拒否したので召集不応罪で禁固二カ月の判決を受けました。また岩手県の熱心なキリスト教信者斎藤宗次郎は、花巻小学校で「敵を愛せよ」と徴兵拒否の非戦思想を教えたので、問題となり、結局事実上辞職させられました。

縄掛け地蔵尊（黒石市目内沢・黒石市教育委員会提供）

日露戦争の時期、有名無名を問わず地下水のように、厭戦《えんせん》・非戦・反戦の思想が東北各地に見られたことは、注目すべき事実です。

Q4 仙台は軍都といわれますが、どのような〝光と陰〟があったのですか。

A4 軍都仙台は、一八七一（明治四）年設置の東北鎮台《ちんだい》、そしてその後継としての第二師団（一八八八年発足）によって成立しました。師団司令部のほかに旅団司令部、歩兵・野《や》砲兵・騎《き》兵・工兵・輜重《しちょう》兵の各連隊や陸軍衛《えい》戍《じゅ》病院・陸軍幼年学校・仙台憲兵隊などの軍機関が仙台市に集中しました。

多数の軍人や召集兵士家族などが利用する飲食店・みやげ店・写真館・旅館などが数多く誕生し、また各隊に食糧・燃料・軍馬用飼料《しりょう》などを納入する各種業者が繁盛《はんじょう》し、仙台経済の発展に貢献しました。そして行政面でも軍都としての性格を深めていきました。

一方、軍都仙台のおかれた東北地方は、凶作と困窮《こんきゅう》にあえいでいた農村地帯だけに、民衆の軍都意識には複雑なものがありました。例えば日露戦争二年目の一九〇五（明治三八）年は、「天明以来の大飢饉《ききん》」といわれた大凶作の年でした。その当時「東北の大凶作とかけて*金鵄勲章《きんしくんしょう》と解く。そのこころは賜《たま》わ

第2師団司令部正門（仙台市歴史民俗資料館提供）

*戦争でとくにすぐれた活躍をした軍人に与えられた勲章。

るも身の誉《ほま》れ」という掛けことばが流行《はや》ったといわれます。この勲章を受けることは兵士にとって最高の「身の誉れ」でした。ところがその裏の意味は、「田まわ《（回）》るも」悲惨な「実《み》の穂稀《ま》れ」と日露戦争に対する痛烈な風刺だったのです。

さらに読んでみよう

きしだみつお『評伝大塚甲山』（未来社、一九九〇年）

14 大正デモクラシーの展開

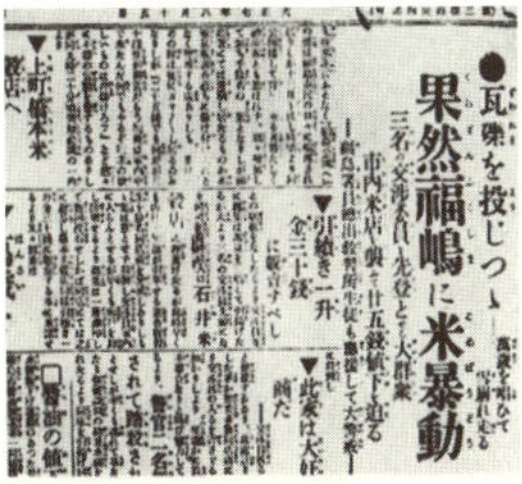
●瓦礫を投じつゝ——
果然福嶋に米暴動
三名の交渉委員に先登として大群衆
市内米店へ與へて廿五銭値下を迫る
▼引續き一升金三十銭に販賣すべし
▼此家は大体

福島県の米騒動の記事
（福島民報社提供）

大正時代に入ると、日本の経済は第一次世界大戦による戦争景気で沸《わ》き返ります。しかしこの大戦が終結すると、一転して戦後不況に突入します。この結果、民衆の生活は極端なまでに窮乏《きゅうぼう》していきます。こうした状況のもとで、民衆のための政治を求める社会運動がさまざまな形で展開されていきます。大正デモクラシーの時代といわれる理由です。東北各地でのこの運動はどのように進展していったのでしょうか。

Q1 釜石鉱山製鉄所の大戦景気と戦後不況は、どんな状況でしたか。

A1 日本の資本主義の発展は戦争とともにあり、その中でも戦争を支える重工業、とくにその中核をなす製鉄業は、戦争の歴史とともに繁栄と衰退を繰り返してきました。その点を『釜石製鉄所七十年史』でみましょう。

官営釜石鉱山の払い下げを受け創立（一八八七年）した釜石鉱山田中製鉄所は、日清戦争時には鉄鋼の需要が激増したため、*銑鉄《せんてつ》生産高は全国の六五％を占めるほどでした。そして日露戦争時には「日露戦争の輝かしい勝利に寄与

＊鉄鉱石を溶解炉でとかしてできた鉄。製鋼の原料とする。

することはまことに大」と自画自讃するほど、戦争ブームの陰の主役を演じていました。

　一九一四（大正三）年、第一次世界大戦が勃発《ぼっぱつ》すると、「釜石銑鉄の需要は一段と激増し、当（製鉄）所は未曽有の活気を呈し」、一九一九年の銑鉄生産高は五万八〇〇〇トンと繁栄をきわめ、株の配当率は八％と全盛期を迎えました。同時に、大日本鉱山労働同盟会釜石支部（二〇〇〇人）による大争議があり、軍隊の出動によって鎮圧される事件がおきました。

　世界大戦が終わると一転して大不況（戦後恐慌《きょうこう》）に見舞われ、経営利益は赤字となり、一九二四年には一〇〇〇万円の負債のため従業員の給料が三カ月遅配となり、ついに三井鉱山株式会社に買収されました。七年前の従業員数六〇〇〇人は一七〇〇人へと大激減してしまいました。釜石製鉄所がふたたび活況を呈したのは満州事変からで、まさに戦争とともに生きてきた姿でもあったのです。

Q2 米の生産が多い県なのに、米騒動がおこったのはなぜですか。

釜石製鉄所の銑鉄生産高推移（「釜石製鉄所七十年史」より作図）

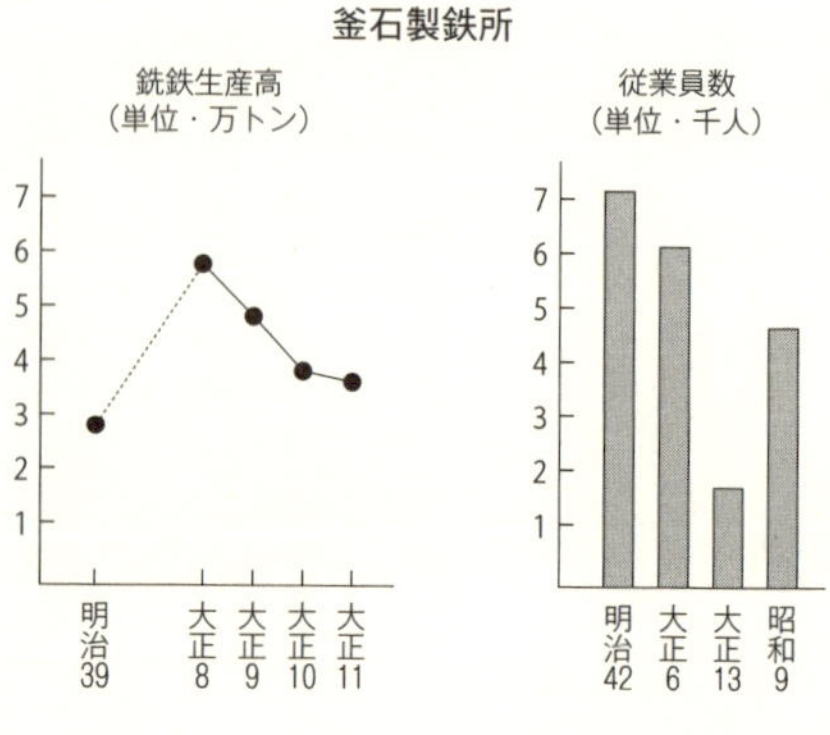

A2 宮城県は、米騒動がおこった一九一八（大正七）年当時も代表的な米づくり県でした。しかも前年は大豊作で、在庫米は新米出回りまでの消費量を差し引いても二〇万石以上の余力が予想されていた時でした。にもかかわらず、仙台市のみならず農村部の牡鹿《おしか》郡石巻《いしのまき》町（現石巻市）、本吉《もとよし》郡柳津《やないず》町（現登米市）にも米騒動がおきました。

なぜ米づくり県なのに、米騒動が発生したかを考える時、襲われた家（全部で八〇軒）の職業・階層が一つのヒントとなります。その職業の第一位（二五軒）は大きな米穀《べいこく》商・問屋で、第二位（一五軒）は高利貸《こうりがし》、第三位（一三軒）は酒造業、次いで（四軒）味噌《みそ》醤油《しょうゆ》醸造《じょうぞう》業です。大きな米穀商はたいてい肥料商を兼ねていて、米の生産流通に深く関わっていました。それ以外の人たちは多くの場合、不在地主で各地で大量の小作米を収納貯蔵していました。

シベリア出兵関連で政府は大量の米穀を買い入れますが、競うように大地主たちも米を買収し、米価の高騰を予測して倉庫の貯蔵米の売り惜しみで、高収益をねらっていました。異常な高騰を続ける米価の引下げを要求しての米騒動だけに、彼らが襲撃される理由の一つがそこにあったのです。

Q3 各地のさまざまな社会運動参加者は、どのような人たちですか。

A3 「*御真影《ごしんえい》を安置する故《ゆえ》を以《もっ》て、錠を下ろせる土蔵の前に頑是《がんぜ》なき児童を毎日礼拝せしむると言ふが如《ごと》きはどうしても偽善《ぎぜん》である」、このことは「時代錯誤の甚《はなは》だしいものである」と、天皇の御真影を安置している「**奉安《ほうあん》殿《でん》」への強制礼拝を〝時代錯誤〟と断じたのは、山形県新庄町（現新庄市）在住の嶺《みね》金太郎でした。この論文は、自ら編集していた地域誌『葛麓《かつろく》』第一四号（大正八年一〇月）に掲載されたものです。彼はクリスチャンで、大正期の新しい流れを、自由主義的な民衆思想の「大潮」と認識しています。この雑誌は東北の〝田舎町〟で発行され、その部数が二、三〇〇部（のちに八五〇部）であったことは、それだけ〝新時代の大潮〟に関心を寄せ支持していた人々がいたことになります。

民衆思想の新しい流れは、フランスの反戦思想を強く受けた『種蒔《ま》く人』の発刊（秋田県土崎町・現秋田市）、その後の各地での普選運動（例えば秋田青年同盟、福島県の普選団連合大会）、社会主義的傾向の各団体（例えば宮城県の平民協会と政治研究会）、さらには婦人参政同盟会員による仙台初の女権拡張政談演説会（聴衆五〇〇人）と拡大します。そして労働組合運動と農民運動

＊天皇・皇后の写真。

＊＊天皇・皇后の写真や教育勅語を安置している建物。

自由主義者　嶺金太郎（「横山昭夫「最上川と羽川浜街道」吉川弘文館より転載）

の本格的な成立と発展です。

大正デモクラシー期の民衆運動の流れは、米騒動をおこした都市職人層・零細商店主と従業員とともに、新たに政治意識に目覚めた労働者・農民という勤労者層、そして先進的な知識人・学生層らが主役となって発展していきました。

Q4 デモクラシーの思想は、東北地方ではどのように広がったのですか。

A4 大正デモクラシーの思想に大きな影響を与えたのは、吉野作造の「民本主義」です。彼は国家主権の問題を意図的に避けながらも、政治の目的は民衆の利益と幸福にありとし、そのために普通選挙制と政党内閣制の実現を主張し、民衆の共感を呼びました。

彼は東京帝大教授として中央の論壇で活躍しましたが、一方では積極的に各地に出かけ、東北各地でもさまざまな講演活動を行いました。例えば、故郷である宮城県では、大山郁夫らとの「民本講演会」（大正八年）、平民協会主催の「学術大講演会」（大正九年）、東北学院弁論部主催の「文化講演会」（大正一一年）などがあり、そのほかしばしば講演会・講習会などで来県し、多くの聴衆を集めています。なお地元有力紙『河北新報』には、彼の一三回にわたる「近

大正デモクラシーの旗手　吉野作造（吉野作造記念館提供）

世労働問題」という啓蒙《けいもう》解説が連載されています。

また福島県では、大正八年から九年にかけて、吉野作造や布施《ふせ》辰治らの参加を得て、県内各地で普選期成演説会が開かれ、そして会津地方の耶麻《やま》立憲青年会の発会式では吉野作造・福田徳三らが普選実施の講演を行っています。

そのことから東北各地で民本主義思想がいかに普及していたかがうかがわれます。

さらに読んでみよう

西田耕三編『吉野作造と仙台』(宮城地域史学協議会、一九九三年)

15 昭和恐慌《きょうこう》と大凶作

飢えをしのぐ子どもたち
（「写真集子どもたちの昭和史」大月書店より）

アメリカではじまった世界大恐慌《きょうこう》は、経済的基盤の弱い日本にもたちまち波及し、中小企業の倒産や銀行の休業、そして農業の柱である米や繭《まゆ》の価格の大暴落という昭和恐慌に突入します。

とくに東北の農民はどん底生活に突き落とされ、それに連続する大凶作が追い打ちをかけます。この結果、東北各地では夜逃げ・娘の身売り・餓死《がし》者が相次ぎます。この深刻な事態に、貧農たちは争議で立ち上がり、教師たちはこの現実を直視する生活綴方《つづりかた》運動を展開します。

Q1 昭和恐慌によって、東北農民はどうなったのですか。

A1 一九二九年一〇月、大恐慌は太平洋をはさんでニューヨークのウォール街の株価大暴落ではじまりました。日本にそれが上陸したのは翌三〇年の春で、対米輸出に依存していた日本の生糸《きいと》価格の急落にはじまってたちまち全産業に波及し、「昭和恐慌」となります。なかでも米価《べいか》と繭価《けんか》の大暴落を中心とした農業恐慌としての性格をもっていただけに、農業生産地帯としての東北地方の生産と生活を直撃することになりました。

　一九三〇（昭和五）年の全国の春繭《しゅんけん》相場は、前年比で四六・四％の暴落で、またこの年の米価は豊作にもかかわらず七〇・五％（翌三一年は五七・六％）と、まさに記録的な惨落《さんらく》でした。そのため農民は多額の負債《ふさい》をかかえての窮乏《きゅうぼう》をいっそう深めていきました。

　東北地方の一例として福島県の場合、農業人口一人当たりの生産額は前年の一〇四円から七七円に減り、とくに養蚕《ようさん》農家の打撃は大きく、養蚕収入は前年の五六％の減収になっています。中小農民は馬鈴薯《ばれいしょ》や大根を常食とするようになり、ついには電灯料金支払い不能のためランプ生活に戻る家も出てきました。

　昭和恐慌の深刻な影響の結果、土地を失った小作人が増大し、養蚕地帯である伊達《だて》郡の小作地率は六三％と、全国平均（四八％）をはるかに上回る状況になりました。地主は小作米を払えない小作人から小作地を取り上げる事態が相次いだので、東北地方一円で土地取り上げに反対する小作争議が激発しました。

Q2 追い打ちをかけた大凶作の実態は、どのようでしたか。

恐慌前後の農産物生産額（小岩信竹ほか「青森の百年」山川出版より作図）

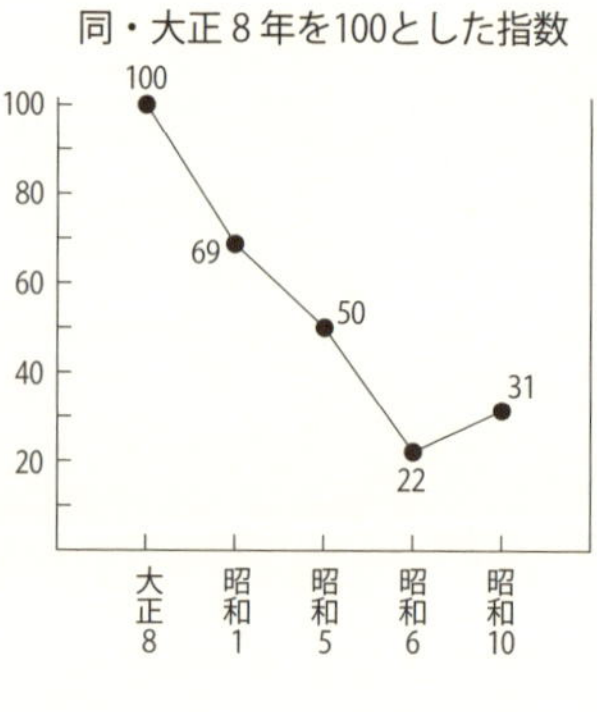

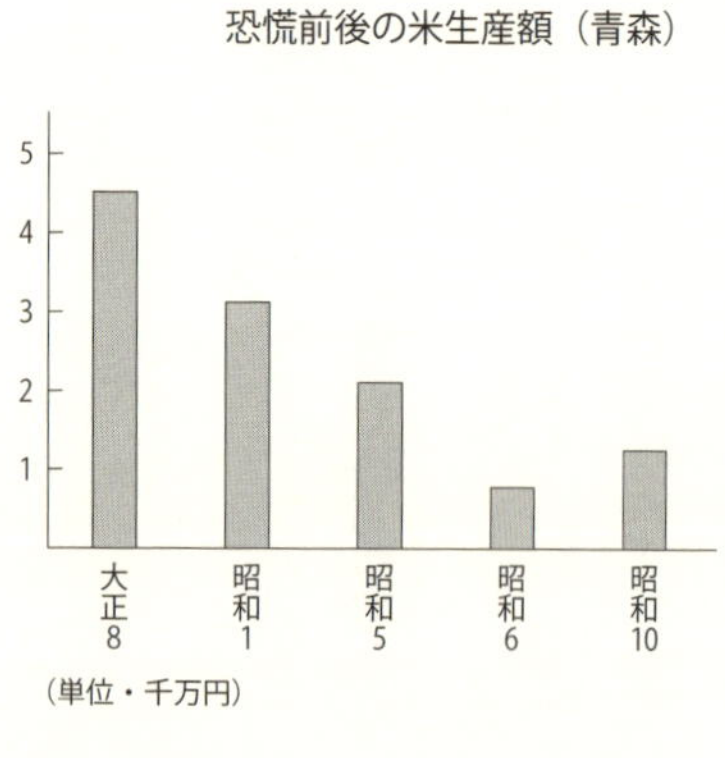

A2

昭和恐慌の嵐が治まらないうちに、東北地方は連年の冷害による凶作に見舞われ、とくに一九三四（昭和九）年の歴史的な大凶作は、国政上の大きな課題となりました。

「本年ハ明治三十五年以来ノ凶作ニ遭遇《そうぐう》シ、各種ノ農産物ハ平年ノ半作ニモ達セズ」「数年来ノ農村不況ノ折柄《おりから》農民ノ打撃全ク言語ニ絶スルモノアリ」（岩手県一戸《いちのへ》町の「昭和九年事務報告書」）。青森県の某小学校校長の訴えは衝撃的です。「三年生の女児は空腹のあまり、名の知れない植物の実を食べて烈《はげ》しい下痢と腹痛を起こしました。全身腫《は》れ上がったのを見舞って（中略）三度目に見舞ったときは臨終《りんじゅう》でした」（『東北町史』下巻）。この大凶作はいたいけない命まで奪ったのでした。

この年の東北各県の産米減収率は、岩手県五五％、青森県四六％、山形県四六％、宮城県三八％、福島県三三％、秋田県二五％でした。なかでも岩手県太平洋・山間部は皆無《かいむ》に近く、宮城県本吉郡と福島県南会津郡は八〇％台、青森県東部地方と山形県最上《もがみ》地方は七〇％台と悲惨そのものでした。寄生地主制のもとでもともと窮乏《きゅうぼう》の農山村地帯であっただけに、ますます娘の身売り、児童の欠食、出稼《でかせ》ぎ、一家夜逃げなどが激増していきました。

昭和９年度産米東北各県減収率
（平年作に対する減収率）

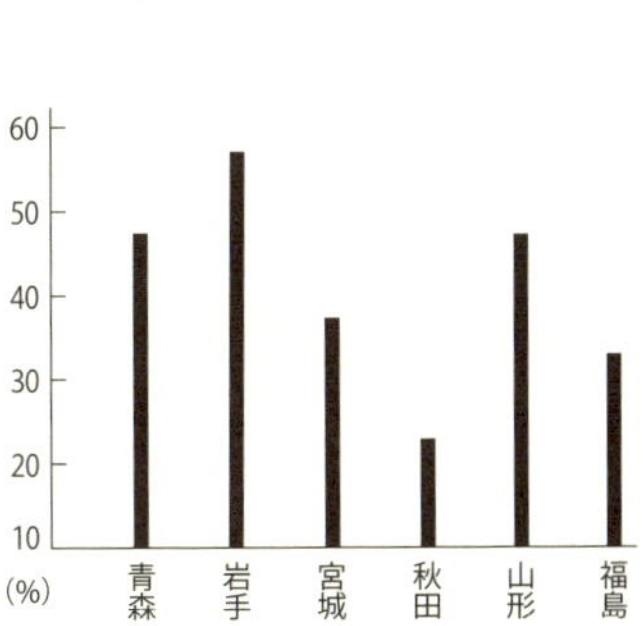

昭和九年大凶作の状況（楠本雅弘「恐慌下の東北農村」中巻、不二出版より作図）

Q3 東北の娘身売りの末路は、どんなだったのでしょうか。

A3 「昭和十三年四月十三日、俗名（省略）、大正七年八月九日生、京町一・文喜楼、岩手県（省略）村出身」。「昭和十四年三月四日、戒名（省略）、京町二、大正六年二月廿日生、壊血症、宮城県（省略）町出身」。これは東京・新吉原の近くの〝投げ込み寺〟と俗称された浄《じょう》閑《かん》寺の過去帳の一部です。この寺の墓地にある「新吉原総霊塔」の下には江戸時代からの悲運の娼妓《しょうぎ》が二万体ともいわれる無縁仏として葬《ほうむ》られています。

冒頭の過去帳はほんの二例ですが、親類縁者から引き取り手がこない悲惨な末路を示しています。貧窮《ひんきゅう》のどん底にある両親を救うため遊廓《ゆうかく》の世界に身を沈め酷使《こくし》されて、二〇代初めで病で寂《さみ》しく死んでいった姿が読みとれます。しかも昭和恐慌と大凶作に打ちのめされた東北地方出身者があまりにも多いのです。

例えば昭和一〇年における東京の娼妓（公娼《こうしょう》）の出身地調査によれば、総数七三〇〇人中東北各県の計は三七四八人と五一・三％を占めています。なかでも山形県の一〇二六人（全国第一位）、秋田県の八九一人（同第二位）、福島県の六七九人（同第三位）が突出しています。玉の井・亀戸《かめいど》の私娼窟《くつ》でもほぼ同様の傾向が見られます。当時の極端な例として新聞などで取り上げられていた

東京における東北出身の娼妓数の急増
（昭和10年対昭和2年）

	昭和10		昭和2
	実数	全国順位	実数
青森	501	7	172
岩手	104	−	43
宮城	547	6	263
秋田	891	2	529
山形	1026	1	605
福島	679	3	399
東北合計	3748		2011

（全体の51.3%）

（内務省社会部『芸娼妓酌婦女給の本籍地並稼業地人員調』）

新吉原総霊塔（東京・浄閑寺）

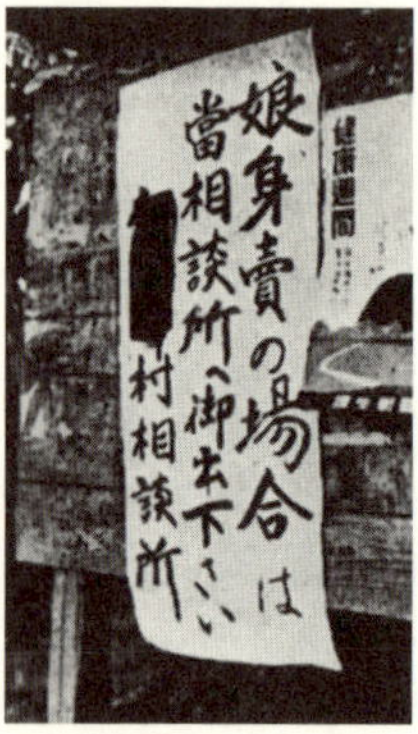

役場の娘身売り相談所の看板（山下文男「昭和東北大凶作」無明舎出版より）

山形県最上《もがみ》地方のある村は、「娘のいない村」とまで言われました。恐慌と大凶作の東北地方における傷痕《きずあと》の残酷《ざんこく》さを見る思いがします。

Q4 宮沢賢治が、「デクノボウになりたい」と言ったのはなぜですか。

A4 「宮沢賢治とは何者なのだろうか」という問いが古くからあります。賢治には、詩人・作家・地質学者・肥料技師・仏教徒、そして理想主義者・空想家という多彩な姿があります。

歴史のなかの宮沢賢治を考える時、数多くの作品の中でも一九三一年の「雨ニモマケズ」がとくに重要です。岩手県花巻《はなまき》で、敢然《かんぜん》と貧しい人々のために東奔西走する姿は、賢治の純粋で一途《いちず》な生き方を物語っています。それは、花巻農学校の教師を辞め、自給自足の農民として教え子らとともに羅須地人《らすちじん》協会を立ち上げた体験（一九二六年）が基礎となっています。寄生地主制のもとで多数の貧農や小作農の窮乏・一家心中・出稼《でかせ》ぎを目の前にして、社会主義に関心を寄せ、労農党支部にも援助していました。

しかし賢治は何よりも熱心な仏教徒でしたので、「雨ニモマケズ」の最後のほうにある「デクノボウ」のような生き方を理想としていました。法華経《ほっけきょう》の万《ばん》

散策する宮沢賢治

資料提供 林風舎

人《じん》救済思想に立つ自分の信念を、正直にひたすら貫く「デクノボウ」の生き方に託したものといえます。その意味で賢治の思想の中心は、実践的な宗教的ヒューマニズムにあると思うのです。その「デクノボウ」のモデルは、地元花巻で賢治と交流し「東北のトルストイ」とまで評されていた熱心なキリスト教信者、斎藤宗次郎ではないかと推論されています。

Q5 北方性教育運動は、なぜ「北方性」を強調したのですか。

A5 「（魚を）リヤカーで六箱ずつ、三回運んだ。もう、ねむい、十二時半だ。」「夜の仕事は、ほんとうにつらいもんだ」。この文は秋田県の小学校尋常《じんじょう》科五年の「僕はつらい」と題した（一九三五年）綴方《つづりかた》です。わずかの田、幼い弟、弱った体の母親のもとで、生活の中心が何と一〇歳の児童の肩にかかり、そのため深夜一時まで働かざるをえない、残酷な現実がそこにありました。

恐慌と凶作の続く東北各地の現実は、どこも同じでした。一九二九年に秋田の北方教育社の創設にはじまった北方性教育運動は、さらに一九三四年の北日本国語教育連盟へと発展していきました。同連盟は、「この北日本ほど（中略）封建の鉄のごとき圧政がそのまま現在の生産様式に、そしてその意識状態

「北方教育」創刊号（北方教育同人懇話会所蔵）

に規制を生々しく存続しているところはあるまい」という、「北方」認識のもと、「我等はこの『生活台』に正しく姿勢することによってのみ教育が真に教育として輝かしい指導性を把握する所以《ゆえん》である」と宣言しました。

東北の教師たちは子どもたちの「生活台」の厳しさに苦悩する中で、北方性教育運動に参加するようになりました。教師たちは子どもたちに、まずその現実から目を背《そむ》けずに直視するよう、そして東北としての固有の苛酷《かこく》さが生まれた社会的原因について考えられるよう、生活綴方を通して提起しました。東北の教師たちがとくに「北方性」を強調したのは、子どもたちの「生活台」に、日本社会の矛盾としての東北の現実を見つめていたからです。

さらに読んでみよう

山下文男『昭和東北大凶作』(無明舎出版、二〇〇一年)

16 戦時体制下の農民兵士と民衆

十五年戦争の最初に勃発《ぼっぱつ》した満州事変では、軍の主力は仙台の第二師団でした。凶作にあえぐ東北出身の農民兵士の現実は実に悲惨でした。その極端な窮《きゅう》乏《ぼう》の脱出先として、政府は満州移民政策をあおり、それにすがるような思いで応じた農民も少なくありませんでした。

さらに日中戦争は泥沼化し、多くの犠牲者が続出しました。そうした中で民衆の間でさまざまな非戦感情や抵抗の言動、さらには反戦行動が出現するようになりました。

出征する農民兵士
（岩手・和我のペン「農民兵士の声がきこえる」日本放送出版協会より）

Q1 満州事変での東北師団の現実は、どのようであったのですか。

A1 一九三一（昭和六）年九月一八日、関東軍の謀略《ぼうりゃく》により柳条湖《りゅうじょうこ》事件がおこされ、それを日本政府が追認したことによって十五年戦争が開始されました。その当時満州（中国東北地方）に駐留していたのが、仙台の第二師団でした。また弘前の第八師団は同年一一月、在満州の朝鮮軍との交代のため出動しました。

翌年一月、昭和天皇は「関東軍に賜《たま》わりたる勅語《ちょくご》」を下し、日本軍の戦勝を讃《たた》え「朕《ちん》深ク其《その》忠烈ヲ嘉《よみ》ス」と激賞しました。

しかし、この侵略戦争の現実は、日本軍戦傷者の続出でした。例えばチチハル攻撃の前哨《ぜんしょう》戦である嫩江《のんこう》と昂々渓《こうこうけい》の戦闘では、わずか八日間で第二師団は戦死者六七名、行方不明者一三名を含む約六三〇名の戦傷者を出すという大損害を受けていました。

満州に出兵した第八師団歩兵第五連隊の中尉末松太平は『私の昭和史』の中で、実に深刻な問題を紹介しています。戦死者は「大抵貧困だった。意地悪く、弾丸は貧困な家庭の兵士から、選り好んであたるのではあるまいかとさえ、ふと思うことがあった。が考えてみれば、どの出征兵士の家庭も一様に貧困だった」。そして残酷な事例として、ある兵士の父親の手紙を紹介しています。「おまえは必ず死んで帰れ。生きて帰ったら承知しない。おれはお前の死んだあと国から下がる金がほしいのだ」。末松中尉はその背景を「凶作と出征がかちあった。出征兵士の後顧《こうこ》の憂《うれ》いは深かった」と述べています。これが前線の一将校の実体験から見た東北の農民兵士の実相です。

Q2 農民たちは、満州移民に何を賭《か》け、その現実はどうだったのでしょうか。

A2 満州移民とは、日本国内農村の窮乏《きゅうぼう》の救済を名目とし、またソ連との戦争に備えるため、貧しい農民を満州に大量に募集移民させることです。

その結果、一九三二（昭和七）年に「満州への移民」が国策として決定され、さらに一九三七年以降から「満州農業移民百万戸送出計画」に基づいて、大量の農業移民が送られました。

山形県は長野県に次ぐ全国第二位の大量送出県（一万三二五二人）となりましたが、なかでも県北部の最上《もがみ》郡は責任送出戸数三〇〇〇戸が割当てられました。当時最上地方は娘身売り常習地帯といわれ、小作地率がきわめて高かっただけに、国が宣伝していた「一〇町歩（一〇ヘクタール）の土地所有者」・「王道《おうどう》楽土の建設者」としての未来は、まるで夢のような魅力がありました。こうして多くの小作農・貧農の二・三男が満州に渡りました。

一九四一年の第十次集団開拓移民としての最上開拓団の入植地は、四平《しへい》省昌図《しょうと》県の村でしたが、この地は広大な耕地で、地味肥沃《ひよく》・住居・交通共に条件がよく実に恵まれた入植地でした。しかし、入植者の証言によれば、この耕地は以前住んでいた朝鮮人や中国人を強制移住させた農地で、したがって彼ら

女子の満州移民訓練所（後藤嘉一氏所蔵）

は「表面は平身低頭したが、心の中では反発していた」（『舟形町史』）のでした。この開拓団の末路は、八七九名中死亡者・行方不明者合わせて一六六名という悲惨なものでした。

Q3 日中戦争拡大のなかで、民衆の戦争への意識はどう変化していきましたか。

A3

一九三七（昭和一二）年七月七日夜、北京《ペキン》郊外の盧溝橋《ろこうきょう》付近での日中戦争勃発《ぼっぱつ》時の日本軍は、秋田の歩兵第一七連隊で編成された中隊でした。

こうした中で戦争は拡大し、さらに多くの青年たちが出征し、神社等で出征兵士の壮行会が盛大に行われ、最寄《もよ》りの駅では多くの人々の「万歳《ばんざい》！」の歓呼の声で見送られていきました。また上海《シャンハイ》や南京《ナンキン》の陥落《かんらく》という緒戦《しょせん》の勝利による旗行列や提灯《ちょうちん》行列の祝賀行事は東北各地でも一斉《いっせい》に行われ、民衆の戦意はいやがうえにも高まっていきました。そして将兵慰問《いもん》・遺家族扶助《ふじょ》・歓送迎・祈願《きがん》祭・慰霊《いれい》祭などを執行する銃後会（のち銃後奉公会）が各市町村ごとに結成され、〝草の根の戦時体制〟が各地域で徹底していきました。

しかし、戦争の長期泥沼化、生活物資の不足、物価騰貴《とうき》の深刻化、国民徴《ちょう》用《よう》令、そして何よりも肉親・友人の戦死者の増大によって、民衆の戦争への意

戦勝祈願する児童（仙台の歴史編集委員会「仙台の歴史」宝文堂出版より）

識が徐々に変化していきます。例えば、『特高月報』によれば、応召《おうしょう》兵に向かって「今度の事変で沢山の犠牲者が出るが幾《いく》ら兵隊さん達でも妻子の事を考へると命の惜しくない者は恐らく一人もないだらう実際君達の様な兵隊は気の毒だ」（昭和一三年三月分・青森市）と言う人も現われますが、戦争が泥沼化した昭和一六年段階となると、明確に「戦争は速《すみやか》に止めよ（中略）是《こ》れ国民の声なり」（同年一〇月分・福島県）と政府に投書する民衆も出ています。その膨《ふく》れ上がる不満を解消させたのが、アジア・太平洋戦争の緒戦の勝利でした。

Q4 戦争に対し、民衆の間に抵抗や反戦行動はなかったのでしょうか。

A4 治安維持法*と特高警察**の厳しい戦時体制下の中でも、それはわずかながらありました。まず国内の二例を紹介します。

満州事変勃発《ぼっぱつ》直後に、東北帝大医学部学生らは「帝国主義戦争反対」のビラを市内の電柱に貼《は》り、また大学病院に密《ひそ》かに撒《ま》きました。

秋田県の奥羽山脈沿いの上小阿仁《かみこあに》村の村民が、戦争嫌悪《けんお》の「かぞえ歌」を静かに歌い続けていました。「ひとつ　ひとりごは、ちょうへいにとられ／ふたつ　ふたおや、なみだでくらす／（中略）ななつ　なにかに、かみがみたのみ

＊天皇を中心とする国家に反対する運動や思想を弾圧する法律。それにより共産主義者・自由主義者・宗教者などが数多く逮捕され、弾圧された。

＊＊特別高等警察の略称。反政府的な運動や思想を取り締まる政治・思想警察。反軍部・反戦平和思想も弾圧した。

／やっつ　やまほど、やりたくねえども／（中略）とうに　とうとう、とられてしまた」。警察の目を意識しながらの密かな抵抗の歌です。

国外での例として、一九四〇（昭和一五）年の中国・宣昌《ぎしょう》戦線での日本兵捕虜《ほりょ》たちによる反戦活動です。彼らは、作家鹿地亘《かじわたる》が組織した在華日本人民反戦同盟員で、日本軍陣地に向かってマイクで、日中戦争の本質が侵略戦争であることを具体的な例をあげて訴えました。〝忠勇無双の皇軍〟にとって、絶対に許すことができない「反逆事件」でした。その反戦同盟の幹部に仙台の歩兵第一〇四連隊の元伍長及川安之丞《やすのじょう》と、最年少同盟員の元一等兵片桐広志のふたりの東北農民兵士がいました。

在華日本人民反戦同盟員の記念写真（鹿地亘夫人提供）

さらに読んでみよう

河北新報社編『時よ語れ、東北の二十世紀』（河北新報社、二〇〇〇年）

17 アジア・太平洋戦争

アジア・太平洋戦争は緒戦《しょせん》の大勝利で、国民の多くは熱狂しました。そうした中でもごく少数の人は醒《さ》めた目で戦局を見つめていました。戦局は、ミッドウェイ海戦とガダルカナル島での敗北で一転します。そのガダルカナル島での戦闘の主力は仙台の第二師団で、七割以上の兵士が犠牲となります。中国人の強制連行・強制労働による花岡事件がおこり、一方、敗戦直前の東北各地の空襲により東北の民衆にも多大な犠牲者が出ます。

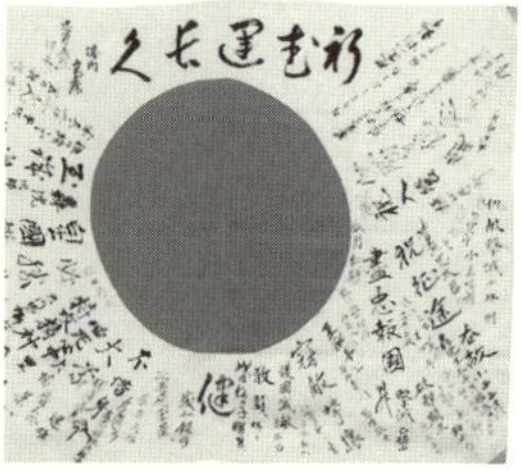

日章旗寄せ書き
（菅原昭三「わが家の戦争記録」みやぎ書房より）

Q1 東北の民衆は、一二月八日をどう受け止めましたか。

A1 アジア・太平洋戦争が開始された一九四一（昭和一六）年一二月八日の朝、ラジオでの大本営発表による対米英開戦の報に、日本全国は緊張と興奮の一日を送りました。そして相次ぐ緒戦《しょせん》の大勝利で、大半の国民は当初の不安が一掃され、勝利への確信を深めていきました。

例えば山形県大泉村（現鶴岡市）の小作農は、予測していた開戦の報に「いよいよ始まる。キリリと身のしまるを覚える」と日記に書いています。福島県須賀川《すかがわ》町（現市）の在郷軍人会の連合会長は「＊八紘《はっこう》一宇《いちう》の建設創造に奉公し得る事を感謝する」との信念を日記に残しています。多くの民衆も勝利に心酔《しんすい》し手放しに熱狂していたことが、東北各地でのシンガポール陥落《かんらく》祝賀の旗行列や、米英打倒市民大会の場合にもよく現われています。

しかしすべての民衆が心底から熱狂していたわけではなく、開戦勝利に興奮した宮城県古川町（現大崎市）の漆器《しっき》職人は、いざ自分に召集令状が来ると、さすがに顔から血が引き手がふるえたといいます。なかには醒《さ》めていた知識人もいて、当日わざと一語も開戦に触れずに、平然と講義を進めていったと言われます（東北帝大医学部）。福島県郡山《こおりやま》市の農民作家は「戦争なんて負けてよいから早くやめて貰《もら》いたいものだ」と反戦の言葉を述べた人もいました。

＊世界（八紘）を一つの家（宇）にするという意味で、天皇を頂点とする日本がアジアや世界を一つにして指導するという思想です。

Q2 ガダルカナル島で、東北の兵士たちはどんな死闘を行ったのですか。

A2 アジア・太平洋戦争で日本の運命を決した戦闘は、一九四二（昭和一七）年のミッドウェー海戦と南太平洋上のガダルカナル島の戦いでした。そのガダルカナル島の戦いで仙台の第二師団の主力が総攻撃を開始したのは、同年の一〇月下旬でした。そして壊滅《かいめつ》的な大敗北を喫《きっ》し、ついに同島から撤退したのは翌年の二月上旬でした。

この戦いでの死闘には二つの意味があります。一つは、文字通りすさまじい戦場での戦いです。上陸当初から日本軍は、制空権・制海権をともに失い、武器・弾薬・食糧の補給は事実上絶たれ、軍事上圧倒的に劣勢《れっせい》でした。したがって白昼での戦闘は不可能となり、第二師団の総攻撃は旧式の銃砲での夜襲の突撃戦でした。しかし米軍の最新兵器の前に次々に倒され、ついに歩兵団長・連隊長・大隊長などの指揮官が相次いで戦死または自決し、また多くの兵士たちが壮絶《そうぜつ》な戦闘の末壊滅《かいめつ》しました。その戦死者数は約五〇〇〇人でした。

第二の死闘の意味は餓死《がし》との闘いでした。その数は戦死者の三倍約一万五〇〇〇人で、第二師団だけでも一万三一八人のうち七六七一人（七四％）が戦病死（餓死）者だといわれます。食糧の補給が絶たれた多くの兵士たちは、栄養不良、マラリアや赤痢《せきり》などのため次々に命を失っていきました。ガダルカナル島がまさに「餓島」と呼ばれた所以《ゆえん》です。

「ガダルカナル島での敗戦は飢《き》餓《が》の自滅だった」とし、その責任は無策な中央の参謀本部にあったと回想したのは、方面軍司令官だった今村均《ひとし》でした。

第2師団軍医の従軍記（町田保「横観戦記」共栄書房）

Q3 なぜ中国人が強制連行され、またなぜ花岡事件が起こったのですか。

A3 青森県に近い秋田県花岡（現大館市）に、「中国殉《じゅん》難《なん》烈《れつ》士《し》慰《い》霊《れい》之《の》碑《ひ》」と「日中不再戦友好碑」の二つの碑が建っています。中国から遠く離れた東北の地に、なぜこれらの碑があるのでしょうか。

一九四二（昭和一七）年、戦争の激化による国内労働力不足に対処するため、東条内閣は中国人労働者を国内に移動入国させることを閣議決定しました。その結果、三万八九九三人の中国人が強制的に連行されてきました。

そもそも外国人である中国人を日本が強制連行すること自体、国際法上違法です。しかもその連行の方法は、店で買い物中や道路を歩行中、時には家で休憩中などと、通常信じられないほど暴力的に拉致《らち》連行したのでした。

こうして花岡鉱山の鹿島組に、三次にわたって合計九七九人が連行されてきました。宿舎は掘立《ほったて》小屋、食事は一日一杯の水粥《かゆ》と一個の饅頭《まんじゅう》、土砂運搬の重労働と苛酷《かこく》な長時間労働の連続でした。そもそも健康状態が最悪なのに、過労と栄養失調、現場監督の暴行で、蜂起《ほうき》直前までに一三七人が死亡しました。

ついに耐えかねて一九四五年六月三〇日に、中国人労働者は一斉に蜂起しました。しかし警察や憲兵などに包囲され、石で抵抗しましたが、全員逮捕され、

日中不再戦友好碑（花岡事件50年誌編集委員会編「花岡事件50周年記念誌」より）

犠牲者も出ました。戦後の帰国までの死亡者数は四一九人と、死亡率は四二・五％ときわめて異常な高さでした。

いま「日中不再戦友好碑を守る会」は、全国の人々に現地ガイド活動で、不戦の志を訴え続けています。

Q4 敗戦直前の東北は、どんな状況でしたか。

A4 一九四五（昭和二〇）年三月の東京大空襲以来、日本本土への爆撃が本格化し、とくに東北各地への空襲は七月と八月に集中しています。軍需工場集中地の福島県郡山《こおりやま》空襲の四月一二日（犠牲者は三七六人、『日本の空襲』による。以下同じ）は例外ですが、軍都仙台は七月一〇日（八二八人）、七月二八日の青森（七三一人）、そして八月一四日夜半から敗戦の日にかけての秋田（土崎《つちざき》、二七〇人）と続きます。さらに岩手県釜石《かまいし》は七月一四日と八月九日の二回、艦砲射撃（犠牲者約一〇〇〇人）を受けました。

これらの空襲・艦砲射撃による犠牲者は、老人・乳幼児・子ども・女性などの非戦闘員でした。

四時間におよぶB29・一三四機の大爆撃の秋田（土崎）空襲も無惨《むざん》でしたが、

仙台市役所周辺の焼野原（仙台市戦災復興記念館提供）

爆撃の終了は〝玉音放送《ぎょくおん》〟の日の午前二時二一分でした。この空襲はポツダム宣言（つまり日本の敗戦）受諾《じゅだく》後であっただけに、その犠牲者はどんなに無念であったことでしょう。

さらには意外なことに、福島県には原爆に関連した出来事が三件発生したことです。一つは七月二〇日、福島市郊外で米軍機の原爆模擬爆弾（長崎原爆と同型、重量約五トン）投下によって、農村青年が即死したことです。二つめは郡山市でも七月二九日に、同じ原爆模擬爆弾の投下訓練（二発）によって、今度は合計三九人の犠牲者が出たことです。三つめは四月に勤労動員されていた中学生約一六〇人が、石川町での原爆原料としての危険なウラン鉱採掘に従事させられたことです。

これが敗戦直前の悲惨な東北の現実でした。

*天皇の声。

さらに読んでみよう

歴史教育者協議会東北ブロック編『東北と十五年戦争』（三省堂、一九九七年）

18 敗戦、そして戦後改革

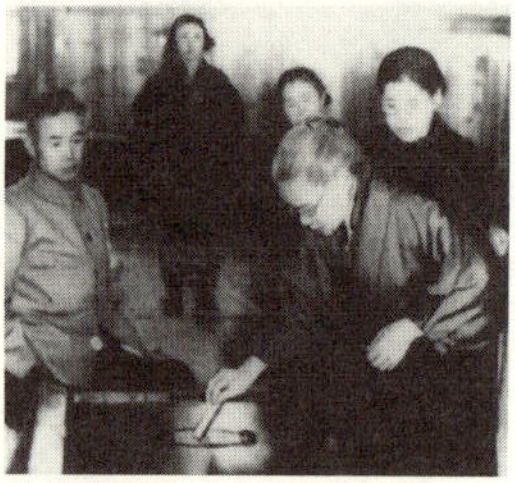

衆議院選挙での初の女性投票
（河北新報社提供）

敗戦の日の八月一五日を、国民の多くは気力が抜けた虚脱感とともに、死の恐怖から解放された一種の安堵《あんど》感で迎えました。その深い思いが、日本国憲法（とくに第九条）を圧倒的に支持した大きな要因でした。

十五戦争という長い戦争で多くの犠牲者を出した東北の各地で、戦争を二度と繰り返してはならないとの強い思いをもって、どんな営みがつくられていったのでしょうか。

Q1 八月一五日を、東北の民衆はどう迎えたのですか。

A1 「酒はのめのめのむならば／日《ひ》の本一のこの槍《やり》を」と景気よく歌ったのは、終戦の天皇の〝玉音《ぎょくおん》放送〟を聞いた後の、山形師範《しはん》学校（山形大学の前身）の学生無着成恭《むちゃくせいきょう》たちでした。「一億皆茫然自失《ぼうぜんじしつ》」といわれたこの時、無着らは黒田節を豪快にわざと歌ったのでした。しかも近くにいた海軍の下士官が、「貴様ら、日本が負けてうれしいのか。腹を切れ、腹を切れ」と泣きわめいていたのに抗しての、合唱でした。

しかし、多くの国民はラジオでの〝玉音放送〟を聞き、大きな衝撃《しょうげき》を受けました。宮城県のある女教師は、「放送は人々の心を激しく打ち、私は抱き合って泣いた」と回想しています。同じくその悲嘆《ひたん》の中にあっても、仙台空襲の体験者は、「敗戦国という屈辱《くつじょく》感（中略）よりも、灯火《とうか》管制がなくなり、明かりが戻ったことの方がうれしかった」と述べた人もいました。とくに出征した夫・父・兄・恋人などが帰ってくるという喜びは、格別でした。

さらに、敗戦の報に接して新しい日本への期待感をいだいた人たちもいました。例えば秋田県の花岡泰雲《たいうん》は、「終戦でない敗戦はわたしにはかけ値なしのよろこびだった」と語り、病身の村山俊太郎（山形県）は、「生きるんだ。新しい夜明けに向かって」と叫び、そして宮城県の多田みとりは、「もうこれからは平和で自由な世の中」になると言って、赤飯を炊《た》いて祝ったのでした。

Q2 新憲法を国民は、どのように考え、受け入れたのでしょうか。

A2 日本国憲法は一九四六（昭和二一）年一一月三日に公布されましたが、それ以前からさまざまな憲法論議があり、国民の関心も高まりました。政府の憲法草案でとくに注目を浴びたのは、象徴《しょうちょう》天皇制と戦争放棄《ほうき》条項でした。

前者については議論が白熱しましたが、高野岩三郎の共和制憲法私案と共産党案を除いては、国民世論は圧倒的に立憲君主制支持でした。後者の戦争放棄条項については、自明のことのように東北の各地でも賛同が多数でした。

　新憲法公布の当日、各地で新憲法祝賀行事が開催され、仙台市の行事には二万人の市民が参加しました。参加者の強い印象は、何よりも戦争放棄の条項で、参加した女子高校生は、「それが永久戦争放棄の憲法であり、国民の自由と幸福を保障するものだ」と共感し、その背景として「まだ遠くまで見通しのきく焼け野原だった」と悲惨《ひさん》な戦争・空襲があったことをふりかえっていました。そして東北各市町村・高校で「新憲法普及講演会」「憲法研究講座」「新憲法座談会」「新憲法を語る常会」「憲法学習会」などと、多様な会合が開かれ、普及していきました。その際の核心は、「徹底的に軍備を撤廃し、戦争を拋棄《ほうき》するといふ世界史画期的な」（東北帝大教授・清宮四郎）第九条でした。

　仙台市内の大通り「多門《たもん》通」は、満州事変時の主役第二師団長多門二郎の名にちなんでいたので、市民はその通りの改称を新聞の投書で訴えました。その結果元の「南町通」に戻りました。そこに新憲法の浸透ぶりが見えます。

東北各地にみる新憲法と人びと（歴史教育者協議会「日本国憲法を国民はどう迎えたか」高文研）

Q3 「山びこ学校」では、どんな教育を行ったのですか。

A3

『山びこ学校』とは、山形県山《やま》元《もと》村（現上山《かみのやま》市）の中学生四三名の生活綴方《つづりかた》文集の題名です。

「雪がコンコン降る。／人間は／その下で暮らしているのです」（石井敏雄）。

この詩は、出版された『山びこ学校』（一九五一年刊）の冒頭に出ています。

この詩の中の、降り積もる雪の下で暮らしている「人間」の生活実態は、具体的にはどういう状態だったのでしょうか。

その指導で青年教師の無着成恭は、生徒たちに自分たちの貧しい生活を直視するよう意識的に働きかけました。冒頭の詩を書いた少年は、とくに貧しく毎日は学校に行けず、畑仕事や炭焼きで一家の手助けをする働き者でした。そうした厳しい生活と労働の上に冷たい北国の雪が降り積もり、ひたむきに生きる人間が肩を寄せ合って生活しているのです。

当時の山元村は、谷《たに》間《あい》の貧しい寒村で、生徒たちの調査によれば、農家のうち七五％が飯米を買わざるを得ない現実でした。無着成恭は、戦前の生活綴方運動に学び、生徒たちに村の生活実態を深く見つめ、さらにそれを変革する方策を模索するよう求めました。その代表的な生活記録が、文部大臣賞受賞の

子どもたちと無着成恭（無着成恭『山びこ学校』青銅社より）

「母の死とその後」（江口江一）でした。

この生活綴方の手法で、さらに社会科教育を展開し、戦後民主教育の成果として教育史上高く評価され、海外にも紹介されました。「本当の生活を知り、よりよい生活を建設することができる」生活態度の発見としての社会科を目指した、と後日無着は語りました。

Q4 婦人参政権の実現は、東北にどんな風を吹かせたのでしょうか。

A4 敗戦の翌年四月の総選挙で、初めて婦人が参政権を行使しました。東北各地の女性たちは感激の中で投票し、なかでも秋田県では戦前からの婦人参政権運動の活動家和崎ハルがトップ当選しました。

戦後女性史のなかで特筆すべき女性が出現しました。彼女の名は岩手県の土《つち》川《かわ》マツエです。一九五五（昭和三〇）年、第一回日本母親大会で感動的な報告をした彼女は、同年のスイスでの世界母親大会に日本代表のひとりとして参加したことで、一躍注目を浴《あ》びました。岩手県一戸《いちのへ》町小繋《こつなぎ》集落の貧農の主婦で、一〇人の子どもを産み育て、そして長男が戦死したという苦境のなかで生活してきた人でした。小繋の人たちが山に自由に入って薪木《まきぎ》や下草・材木を利用で

世界母親大会に出席した土川マツエ（「北方の農民」復刻刊行委員会「北方の農民」より）

きる入会《いりあい》権の慣行《かんこう》を、山林地主が警官隊を導入し村民を逮捕させた「小繫事件」の暴挙を、彼女は日本母親大会でせつせつと訴えました。

そして世界母親大会に出席した後、東北各地でその報告活動を行い、二年間で一八〇カ所以上、一万五、六〇〇〇人の人々に語り続け、参加者に深い感銘《かんめい》を与えました。

貧しい山村の農婦らしく、彼女が羽田空港を飛び立つ時の姿はカスリのモンペ姿でした。そして生活していた地域しか知らない平凡な農家の主婦が、世界に羽ばたき、小繫事件とともに世界の平和・戦争反対を訴える自己変革に、東北の女性たちは深く感動し、大きく勇気づけられました。

さらに読んでみよう

佐藤藤三郎『山びこ学校ものがたり』(清流出版、二〇〇四年)

19 高度経済成長とその挫《ざ》折《せつ》

“奇《き》跡《せき》の戦後復《ふっ》興《こう》”、そして高度経済成長政策により、日本の国民総生産は世界第二位にまで躍《やく》進《しん》しました。「日本列島改造」の東北版も各地で展開されていきました。

それとともに、公害問題が多発し、農業政策の破綻・地域の格差増大は東北地方を直撃し、その結果、中学卒業生の“金の卵”問題、農民の出《で》稼《かせ》ぎ問題が大きな社会問題となりました。

その中で、岩手県の沢《さわ》内《うち》村のように、住民参加の生命を守る運動が大きな成果をあげ、全国的に目標とされる「先進」を築きました。

出稼ぎ農民の見送り
(青森県農業協同組合中央会提供)

Q1 「日本列島改造」の東北版は、どう展開され、どう変わったのですか。

A1 本州の北端青森県は、昔も今も典型的な経済後進県です(ちなみに二〇〇三年度の一人当たりの県民所得は沖縄県と最下位争い)。

一九六九(昭和四四)年、「新全国総合開発計画」が閣議決定され、また田中角栄首相の「日本列島改造」政策によって、青森県のむつ小《お》川《がわ》原《ら》巨大開発が一躍脚光《きゃっこう》を浴《あ》びました。この国策としての巨大開発プロジェクトの当初案は、工業生産額五兆円といわれ、当時の青森県全体の工業出荷額一五〇〇億円程度であったことからすると、まさにバラ色の夢物語です。そこで青森県は早速後進県脱出の好機として飛びつきました。

しかし、その後のドルショックと二度の石油ショック、さらに地域住民や漁業者の反対運動にあい、計画は大幅に縮小されました。それでも工業基地の全体面積は約五二八〇ヘクタールと広大なものでした。

このような状況のもとで目立った企業誘致《ゆうち》は進まず、事実上計画は空中分解しました。そしてその売れ残った大半の工業用地の打開策として、一九七九年に国家石油備蓄《びちく》基地が建設され、さらには一九九二年のウラン濃縮《のうしゅく》工場の操《そう》業《ぎょう》開始をはじめとする一連の核関連の処理施設が続々と建設・操業しました。今や下北半島一帯は、日本の「核のゴミ捨て場」化しつつあり、その裏に巨額の「核燃《かくねん》マネー」がうごめき、地域住民を賛成反対の二派に分断させています。この巨大開発事業は、青森県民救済のためではなく、国家の原子力政策のためなのです。

青森県に入った主な「核燃マネー」

(1)電源３法交付金	1847億円
(主な内容)	
核燃サイクル施設分	422億円
東通原発分	150億円
電源立地特別交付金	555億円
大間原発分	52億円
(2)核燃料物質等取扱税	589億円
(3)寄付金（電気事業連合会）	105億円
(4)漁業補償	384億円
(5)建設投資	２兆5900億円
合　計	２兆8825億円

(2004年度まで)

青森県に入った「核燃マネー」（朝日新聞青森総局「核燃マネー」岩波書店より）

Q2 出稼《でかせ》ぎ、そして〝金の卵〟とは、何のことですか。

A2 戦後の高度経済成長は、一九六四年の東京オリンピック前後の二〇余年続きます。一兆円ともいわれたオリンピック関連事業の約八割は、新幹線・地下鉄・道路・橋などの交通網の整備でした。この土建作業の危険な労働に従事したのは、現金収入を得るためにきた東北の農民出稼ぎ者たちでした。

なかでも青森県は、全国でも最大の出稼ぎ県でした。人数の増加は同時に夫婦出稼ぎをともない、その結果、留守家庭の子どもの非行問題も生じ、さらに労働災害事故も頻発《ひんぱつ》する悲劇がおきました。その代表例が、一九六九年の東京都墨田《すみだ》区内の荒川放水路に架《か》ける橋脚《きょうきゃく》工事の事故（荒川事件）です。そこで出稼ぎ労働者八人が生き埋めとなり死亡しました。うち七人は青森県大鰐《おおわに》町の農民で、出稼ぎ理由はリンゴ価格の大暴落と、政府の減反《げんたん》政策による農業収入の減少によるものでした。その無惨《むざん》な死の代償はわずか三六五万円でした。

そして〝金の卵〟問題です。好景気による人手不足に悩む東京などの中小工場や商店では、東北各地から集団就職列車に乗ってくる中卒者を〝金の卵〟として渇望《かつぼう》しました。そこでの生活は、例えば六畳に五人の雑魚寝《ざこね》、夜遅くまでの残業、東北人への差別と孤独でした。もちろん頑張って成功した者もいまし

「荒川事件」で犠牲になった人々の遺影（津川武一「出稼ぎ」北方新社より）

たが、多くの人は「使い捨ての〝金の卵〟」といわれる現実に苦闘しました。
東北の出稼ぎ者と中卒の〝金の卵〟たちは、日本の高度経済成長を底辺から支えたのです。

Q3 「いまに村は消える」といわれますが、本当ですか。

A3 これは山形県西川町でのことです。「母さんといっしょに、その下で花見をするつもりだったが、それもできず残念です、母さん」という遺書を残して、入院していた母を送った息子が、首を吊って死にました。このことは約三〇〇年続いたその集落の歴史を閉じたことを意味しました。

佐藤晃《こう》之《の》輔《すけ》の『秋田・消えた村の記録』は、初版が出た一九九七年の時点で消滅した一二五の村（集落）の貴重な記録です。その中に証言「移転者ひとこと」があり、村が消えることの切なさ、悲しみがよく伝わってきます。

こうした消えた村（集落・地区）は、本来は江戸時代（したがって「明治の大合併」以前）の自然村が大半でした。いま日本各地の山村は、先の例のように「集落潰滅」の事態が進行していて、東北の場合も奥《おう》羽《う》山脈沿いを中心に、こうした状況は年々拡大しています。最近の統計によれば、秋田県の場合、県

無人となった〝集落潰滅〟（佐藤晃之輔氏提供）

面積全体の七八％が過疎地です。

生産基盤の一つである農業は、政府の減反政策によって「耕土荒廃」が進んでいます。東北農民は昔から実に勤勉実直に働き続けてきましたが、いまや江戸時代からの歴史を刻《きざ》んできた自分の集落を放棄《ほうき》せざるをえなくなっています。その原因は、高度経済成長による農業と過疎化《かそか》の切り捨て政策と、農業生産の機械化による借金貧乏などにあります。

今度は集落だけでなく、村自体も消滅する危機を迎える可能性が高いのです。

Q4 沢内《さわうち》村の住民参加の生命を守る行政とは、どんな内容なのですか。

A4 一九六五（昭和四〇）年一月、降りしきる雪のなか、岩手県沢内村（現西和賀町）の村民約一〇〇〇人が何時間も立ち尽《つ》くして待っていました。迎える霊柩《れいきゅう》車の主は深沢晟雄《まさお》村長でした。ある村人は子どもたちに、「私たちの命はこの村長によって守られたんだ。大きくなっても決して忘れるなよ」と言い聞かせました。

沢内村は奥羽山脈の東麓《ふもと》の盆地にあり、冬は三メートル内外の豪雪地帯で、交通が途絶《とぜつ》する「陸の孤島」になり、また異常低温による凶作の常習地帯でした。その結果、一人当たりの所得は県下で最下位、乳児死亡率は全国平均の二倍と、岩手県の最窮乏《きゅうぼう》村の一つでした。

一九五七（昭和三二）年に村長となった深沢晟雄は、沢内村の大きな課題は豪雪・多病多死・貧困にあるとし、その克服のために全力を傾けました。まず雪の問題を優先してブルドーザー一台（後には一一台）を購入し、村内の道路を除雪できるようにしたことにより、通学・通勤・通院が容易になりました。そして医療・健康問題として、婦人学級・若妻学級・老人クラブなどの学習会・講習会で、栄養改善・健康管理などの住民参加の〝草の根医療運動〟を展開しました。さらに全国にさきがけて、六五歳（のち六〇歳）以上の老人医療無料と乳児の国民健康保険一〇割給付を実現しました。そして一九六七（昭和四二）年、村の乳児死亡率はついにゼロとなる日本初の快挙を実現しました。

深沢村長亡きあと、その理念は代々の村長に受け継がれ、かつての窮乏村は、住民参加の沢内生命行政として全国から高い評価を受けました。

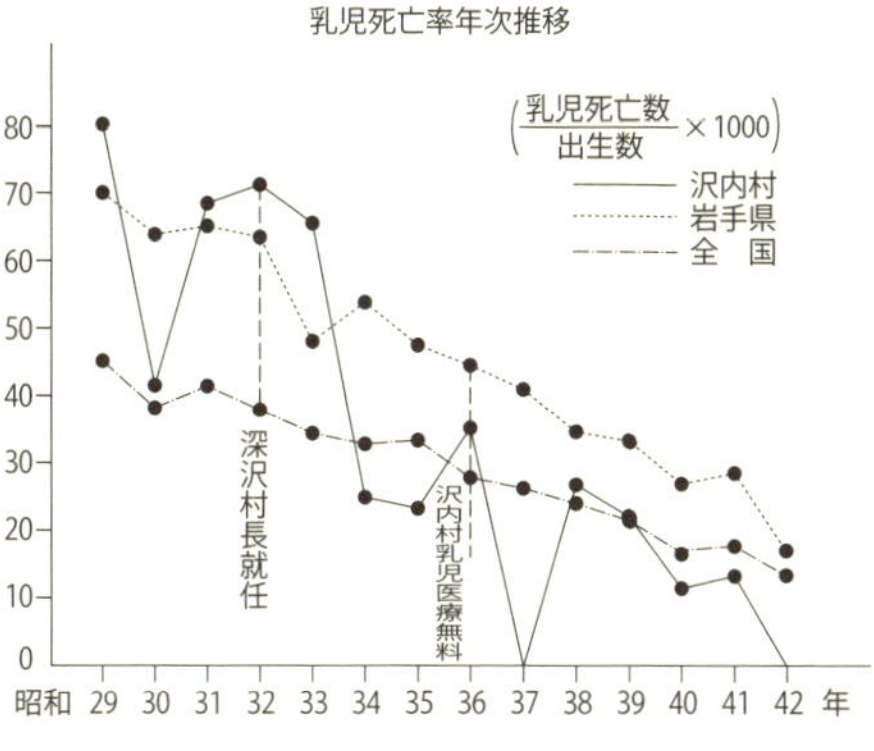

沢内村の乳児死亡率年次推移（太田祖電ほか「沢内村奮戦記」あけび書房より作図）

さらに読んでみよう

朝日新聞青森総局編『核燃マネー』（岩波書店、二〇〇五年）

20 東北の豊かな民衆文化

東北地方の民衆文化は、日本列島のなかできわめて個性的で豊富です。縄文時代や蝦夷《えみし》の文化を引き継いでいるものもあります。一見土俗的《どぞくてき》とみられる古い様式もありますが、どれも民衆の生産と生活に根ざした確かな文化で、歴史の重みを感じさせる民衆的洗練《せんれん》さと力強さを感じさせます。

最近は観光化やイベント化がみられますが、本来の成立経緯《けいい》とその願いを正しく理解すると、一層感動するにちがいありません。

津軽三味線の名人高橋竹山
（長谷川成一「津軽・松前と海の道」吉川弘文館より転載）

Q1 東北方言はどんな特徴があり、どんな魅力《みりょく》がありますか。

A1 かつて東北本線のある駅で、私は「おちる人がしんでから、お乗り下さい」との放送を聞いてわが耳を疑いました。間もなく「おちる」が「降りる」であり、また「しんで」は「済んで」であることがわかりました。梨《なし》と茄子《なす》、寿司《すし》と煤《すす》のように「し」と「す」の慣用的な共用は、東北方言の特徴の一つです。さらに知事と地図のような「ジ」と「ズ」と「ジュ」の場合も同様で、東北のズーズー弁といわれる理由です。このような濁音《だくおん》が多く重い響きの東北方言は、汚く劣った言葉として中央から差別されました。

おまけに東北方言（とくに津軽方言）は、難解でかつ粗野《そや》であると蔑視《べっし》されました。例えば道路ですれ違う者同士が、「どさ」と「ゆさ」だけの会話で通りすぎるのです。行き先を尋《たず》ね、銭湯《せんとう》だと答えているのですが、その前提に地域社会における濃密な人間関係を見るべきです。そこでは儀礼言葉は不要です。

別れのあいさつとして、宮城方言では「おみょうにづ」と言いますが、そこには明日も元気で会いましょうとの、相手に対する深い思いやりがあります。

そしてさらに、東北方言は生活と生産に美しく結びついています。例えば山形県の農家では仕事納めを「鍬《くわ》休め」といって、生産の担い手である鍬を生身の体と心を持つもののように扱い表現しています。「木の股裂《またさ》き」（陰暦二月の雪）、「花崩《くず》し」（三月の雪）など、自然の中で労働する美しい言葉を創造しています。これも東北方言の魅力です。

津軽方言の暖かさ「どさ・ゆさ」（渋谷龍一「図夢inつがる弁・パート1」路上社より）

Q2 特別に美味《おい》しい東北の郷土食は、どのように生まれたのでしょうか。

A2 東北の郷土食は、その独特の美味しさで全国の人々から絶賛されています。その独自の味わいには、東北の自然、そして生活と生産が深く関わっています。

その代表的な例の一つに、秋田の「きりたんぽ鍋」があります。新米のご飯をこねて、たんぽ（槍《やり》の先を保護するために包む物）状にして、串《くし》にまいて炭火で焼いたものを「きりたんぽ」といいます。この「きりたんぽ」の本場秋田県北部では、地元特有の比内鶏《ひないどり》の味の染《し》み込んだスープと薄い醤油《しょうゆ》味に、茸《きのこ》と山菜などを入れます。肌寒さを感じる冷気のなか、この暖かい鍋を囲んでの「きりたんぽ」の食事は、秋田の風土ならではの特別のしあわせを実感させてくれます。もともとは山に入る猟師《マタギ》の携帯食でしたが、今では各地の食卓で時に主役を務める秋田の誇る郷土食として、あまりにも有名です。

同じ秋田県でも県南の「稲庭《いなにわ》うどん」は、これまた全国ブランドです。上品な、そしてコシが強くつるつるとした口当たりとその美味しさは、まさに絶品《ぜっぴん》です。上質の小麦と山間《やまあい》の清流と製法の改良によって、江戸時代の秋田藩特産物として流通し名を高めました。

同じめん類でも宮城県の白石温麺《しろいしうーめん》は、より大衆的な郷土食です。伝統の味といわれますが、そのルーツは、創業者が胃腸病を患《わずら》っている父のために油抜きの新しい製法で乾めんを作ったことに由来します。歯ざわりとコシの強さ、そしてあっさりとした味覚は、豊かな流水と寒冷な蔵王《ざおう》おろしによる乾燥製法の成果で、その生産の担い手は、農閑期における農家の主婦たちでした。

秋田米と比内鶏による美味のきりたんぽ鍋
（農山漁村文化協会提供）

雪深い東北の山間地帯は寒冷地だけに、保存食としての各種の漬物が多く作られました。とくに雪国山形県は漬物王国といわれ、その材料となる山菜や野菜が豊富なことと、そして寒暖の差が激しい気象条件がその生産基盤となっています。食卓の王様にはなりえませんが、独特の名脇役を演じているのが各地の名産漬物です。例えば、なす・きゅうり・大根・赤かぶ・青菜《あおな》・白菜《はくさい》などを食材とした芳《かぐわ》しい香りと深みのある味の、個性豊かな各地の漬物がそれです。寒冷・雪国ならではの、地域民衆の知恵と工夫、努力の賜物《たまもの》です。

そのほか、青森県の鱈《たら》のじゃっぱ汁、秋田県のハタハタ寿司、岩手県の南部はっと鍋、山形県の芋煮《いもに》、宮城県の笹かまぼこ、福島県の喜多方《きたかた》ラーメンも、いずれも逸《いつ》することのできない東北地方の代表的な郷土食です。

Q3 東北の民俗芸能には、民衆のどんな思いが反映されているのでしょうか。

A3 東北の民衆は、とにかく歌と踊りが大好きです。その大半は自らの生産と労働の中から生まれたものです。とくに秋田県は「民謡の宝庫」、岩手県は「芸能の宝庫」とよくいわれます。

岩手県の民俗芸能団体の数は、神楽《かぐら》（三三〇）、鹿《しし》踊り（一三〇）、剣舞《けんばい》（一二〇）、田植《たうえ》踊り（一一三）など、合計約九〇〇（一説には約一〇〇〇）という隆盛《りゅうせい》ぶりです。いずれも長寿を祈り、五穀《ごこく》の豊穣《ほうじょう》を願い、悪魔や悪霊の追放を乞《こ》うという点では共通しています。

その中で鬼剣舞は、奇怪な鬼面・乱舞する剣・大地の地響きと、みるからに東北民衆のエネルギーのほとばしりを実感させます。恐ろしい形相《ぎょうそう》の鬼の面をつけて勇壮《ゆうそう》に踊るのが鬼剣舞です。憤怒《ふんぬ》する鬼面の主が、なぜ大地を響かせ太《た》刀《ち》をふるい乱舞するのでしょうか。

鬼剣舞は、盆の供養《くよう》に死者の霊前で踊られる鎮魂《ちんこん》の芸能です。鎮魂は亡き霊を安らげるタマシズメであるとともに、その霊を奮いたたせるタマフルイの意味があります。飢饉《ききん》による餓死《がし》者や一揆《いっき》指導者の処刑死などの非業《ひごう》の死を体験した民衆が、その悔《くや》しさ、恨《うら》み、怒りを胸に、次のたたかいへの新たな決意を誓いあうことこそ、鬼剣舞の激しさなのです。

鬼剣舞（岩手県北上市提供）

さらに読んでみよう

毎日新聞地方部特報班編『東北「方言」ものがたり』（無明舎出版、一九九八年）

盛田稔・長谷川成一編『図説・青森県の歴史』(河出書房新社、1991)
細井計編『図説・岩手県の歴史』(河出書房新社、1995)
渡辺信夫編『図説・宮城県の歴史』(河出書房新社、1988)
田口勝一郎編『図説・秋田県の歴史』(河出書房新社、1987)
横山昭男編『図説・山形県の歴史』(河出書房新社、1996)
小林清治編「図説・福島県の歴史』(河出書房新社、1989)

峯岸賢太郎『近世被差別民史の研究』（校倉書房、1996）
村井章介・他編『北の環日本海世界—書きかえられる津軽安藤氏—』（山川出版社、2002）
山口和雄『増補・明治前期経済の分析』（東京大学出版会、1963）
渡辺信夫編『東北の歴史再発見—国際化の時代をみつめて—』（河出書房新社、1997）
渡辺信夫編『東北の交流史』（無明舎出版、1999）
松本明知『ねぷた—その起源と呼称—』（津軽書房、2006）
石井孝『戊辰戦争論』（吉川弘文館、1984）
千葉卓三郎顕彰記念誌編集委員会『民衆憲法の父千葉卓三郎』（同建設委員会、1980）
小西豊治『もう一つの天皇制構想—小田為綱文書—』（お茶の水書房、1989）
阿部知二『良心的兵役拒否の思想』（岩波新書、1969）
富士製鉄㈱釜石製鉄所『釜石製鉄所七十年史』（同製鉄所、1955）
猪俣津南雄『踏査報告・窮乏の農村』（岩波文庫、1982）
「北方の農民」復刻版刊行委員会『北方の農民』（同刊行委員会、1999）
竹澤克夫『宮澤賢治物語』（彩流社、1992）
田中新治『教育運動史考』（山形県国民教育研究所、1976）
北方教育同人懇話会『北方教育—実践と証言』（東京法令、1979）
末松太平『私の昭和史』（みすず書房、1963）
吉野年雄『誰も書かなかった義勇軍』（光陽出版社、2007）
岩手・和我のペン『農民兵士の声がきこえる』（ＮＨＫ出版会、1984）
岩手県農村文化懇談会『農没農民兵士の手紙』（岩波新書、1961）
鹿地亘『日本兵士の反戦運動』（同成社、1962）
村山磐『歩兵第4連隊　ガダルカナル・ビルマ戦記』（耕風社、1999）
花岡の地・日中不再戦友好碑をまもる会『花岡事件60周年記念誌』（同会、2005）
日本の空襲編集委員会『日本の空襲—1北海道・東北』（三省堂、1980）
村山ひで『戦争は終わった』（駒草出版、1982）
伊藤康子『戦後日本女性史』（大月書店、1974）
津川武一『出稼ぎ』（北方新社、1974）
加瀬和俊『集団就職の時代』（青木書店、1997）
太田祖電ほか『沢内村奮戦記—住民の生命を守る村』（あけび書房、1983）
松田國男『村ことば覚書』（東北出版企画、1996）
読売新聞東京本社地方部『郷土食とうほく読本』（無明舎出版、2003）
歴史教育者協議会東北ブロック『東北民衆の歴史』（民衆社、1977）
歴史教育者協議会東北ブロック『東アジアと東北』（教育史料出版会、2004）
そのほか、東北各県の『百年史』シリーズ（山川出版社、1983—1999）
豊田武編『東北の歴史（上巻・中巻・下巻）』（吉川弘文館、1967・1973・1979）
長谷川成一・他『新版県史シリーズ2、青森県の歴史』（山川出版社、2000）
細井計・他『新版県史シリーズ3、岩手県の歴史』（山川出版社、1999）
渡辺信夫・他『新版県史シリーズ4、宮城県の歴史』（山川出版社、2004）
塩谷順耳・他『新版県史シリーズ5、秋田県の歴史』（山川出版社、2001）
横山昭男・他『新版県史シリーズ6、山形県の歴史』（山川出版社、1998）
丸井佳寿子・他『新版県史シリーズ7、福島県の歴史』（山川出版社、1997年）

〔参考文献〕
『青森県史、別巻・三内丸山遺跡』（青森県、2002）
『青森県史、資料編・考古3・弥生～古代』（青森県、2005）
青森県六戸町編・大石直正監修『北辺の中世史―戸のまちの起源を探る―』（名著出版、1997）
網野善彦・石井進編『北から見直す日本史』（大和書房、2001）
今泉隆雄「律令国家とエミシ」（『新版古代の日本、東北・北海道』（角川書店、1992）
市川健夫『日本のサケ―その文化誌と漁―』（日本放送出版協会、1977）
伊藤清郎「出羽三山と海・川・道」（矢田俊文・工藤清泰編『日本海域歴史大系、第3巻・中世編』清文堂、2005）
入間田宣夫・他編『北の内海世界―北奥羽・蝦夷ケ島と地域諸集団―』（山川出版社、1999）
入間田宣夫『北日本中世社会史論』（吉川弘文館、2005）
江頭恒治『（日本歴史新書）江州商人』（至文堂、1965）
内田武志・宮本常一編訳『（東洋文庫）菅江真澄遊覧記、1～5』（平凡社、1965～1968）
榎森進『増補改訂・北海道近世史の研究』（北海道出版企画センター、1997）
榎森進編『アイヌの歴史と文化、①・②』（創童舎、2003・2004）
榎森進『アイヌ民族の歴史』（草風館、2007）
榎森進「明朝のアムール政策とアイヌ民族―アムール川下流域の諸民族とアイヌ民族の交易を中心に―」（菊池俊彦・中村和之編『中世の北東アジアとアイヌ―奴兒干永寧寺碑文とアイヌの北方世界』高志書院、2008）
大石直正『奥州藤原氏の時代』（吉川弘文館、2001）
解放出版社編『部落問題資料と解説（第3版）』（解放出版社、1999）
管野和太郎『近江商人の研究』（有斐閣、1942）
菊池勇夫『人物叢書・菅江真澄』（吉川弘文館、2007）
菊池勇夫『飢饉の社会史』（校倉書房、1994）
菊池勇夫『日本歴史叢書・近世の飢饉』（吉川弘文館、1997）
菊池勇夫『飢饉―飢えと食の日本史―』（集英社、2000）
工藤雅樹『古代の蝦夷』（吉川弘文館、2000）
熊谷公男『日本史リブレット・蝦夷の地と古代国家』（山川出版社、2004）
国立歴史民俗博物館『中世都市十三湊と安藤氏』（新人物往来社、1994）
小林清治『奥羽仕置と豊臣政権』（吉川弘文館、2003）
東北学院大学史学科編『歴史のなかの東北―日本の東北・アジアの東北―』（河出書房新社、1998）
内藤正敏『日本のミイラ信仰』（宝蔵館、1999）
浪川健治『近世日本と北方社会』（三省堂、1992）
浪川健治『近世北奥社会と民衆』（吉川弘文館、2005）
長谷川成一『近世国家と東北大名』（吉川弘文館、1998）
原田伴彦『（朝日選書）被差別部落の歴史』（朝日新聞社、1986）
平泉文化研究会編『奥州藤原氏と柳之御所跡』（吉川弘文館、1992）
深谷克己『南部百姓と命助の生涯』（朝日新聞社、1983）
藤木久志『豊臣平和令と戦国社会』（東京大学出版会、1985）
北海道・東北史研究会編『北からの日本史・第1集』（三省堂、1988）
北海道・東北史研究会編『北からの日本史、第2集』（三省堂、1990）

著者

一戸富士雄（いちのへ　ふじお）

1930年青森県生まれ．東北大学文学部卒業．東北大学大学院修士課程修了．元宮城学院中学高校教諭，元宮城教育大学非常勤講師，歴史教育者協議会・歴史学研究会・十五年戦争と日本の医学医療研究会，会員．

著書 『東北民衆の歴史』（共著，民衆社），『東北と十五年戦争』（共著，三省堂），『交流の日本史・地域からの歴史像』（共著，雄山閣出版）他．

執筆分担 「読者のみなさんへ」，１章Ｑ１，10章Ｑ３～Ｑ４，11章～20章．

榎森　進（えもり　すすむ）

1940年山形県天童市生まれ．東北大学文学部卒業．北海道松前町史編集長・函館大学教授，東北学院大学文学部教授を経て，現在，東北学院大学名誉教授．

著書 『北海道近世史の研究―幕藩体制と蝦夷地―』（北海道出版企画センター，1982年，増補改訂版，1997年），『日本民衆の歴史・地域編⑧：アイヌの歴史』（三省堂，1987年），『東北の歴史再発見―国際化の時代をみつめて―』（共著，河出書房新社，1997年），『歴史のなかの東北―日本の東北・アジアの東北―』（共著，河出書房新社，1998年），『アイヌの歴史と文化①・②』（編著，創童舎，2003・2004年），『アイヌ民族の歴史』（草風館，2007年）他．

執筆分担　１章Ｑ２～10章Ｑ２．

これならわかる東北の歴史Q&A

2008年６月20日　第１刷発行
2016年３月１日　第２刷発行

著　者　一戸富士雄・榎森　進
発行者　中川　進
発行所　株式会社　大月書店
113-0033　東京都文京区本郷2-11-9
電話　03-3813-4651（代表）03-3813-4656（FAX）
振替　00130-7-16387
http://www.otsukishoten.co.jp/
印刷所　太平印刷社
製本所　中永製本

ISBN978-4-272-52081-7　C0021